TROOPILISE KÖÖGI TÕELINE TRIUMF

100 maitsvat rooga päikesepaisteliselt kaldalt teie lauale

ALEKSEI MÖLDER

Autoriõigus materjal ©2024

Kõik õigused kaitstud

Ühtegi selle raamatu osa ei tohi mingil kujul ega vahenditega kasutada ega edastada ilma kirjastaja ja autoriõiguste omaniku nõuetekohase kirjaliku nõusolekuta, välja arvatud ülevaates kasutatud lühikesed tsitaadid. Seda raamatut ei tohiks pidada meditsiiniliste, juriidiliste või muude professionaalsete nõuannete asendajaks.

SISUKORD

SISUKORD 3
SISSEJUHATUS 6
TROOPILISED HOMMIKUSÖÖKID 7
   1. Troopiline omlett 8
   2. Ananassi Chia puding 10
   3. Troopiline prantsuse röstsai 12
   4. Kuldsed vahvlid troopiliste puuviljadega 14
   5. Troopilised puuviljad Crêpe s 17
   6. Troopiline kookosepuding 19
   7. Troopilised pannkoogid 21
   8. Troopilise jogurti kauss 23
   9. Troopiliste puuviljade smuutikauss 25
   10. Mango kookose pannkoogid 27
   11. Troopiline Acai Bowl 29
   12. Kookospähkli mango kinoa hommikusöögikauss 31
   13. Papaia laimi hommikusöögiparfee 33
   14. Troopiline hommikusöök Burrito 35
   15. Kookose banaanileib 37
   16. Troopilised hommikusöögi tacod 39
   17. Troopiline avokaado röstsai 41
TROOPILISED SUUPISTED 43
   18. Troopiline suupistete segu 44
   19. Troopiline kokteil ceviche 46
   20. Troopilise sidruni valgu hammustused 48
   21. Troopiline kreeka pähkli pizza 50
   22. Ananassi kookose energiapallid 52
   23. Troopiliste puuviljade kabobid 54
   24. Kookos-laimi popkorn 56
   25. Kookos-laimi guacamole 58
   26. Kookose krevetid 60
   27. Troopilised granolabatoonid 62
   28. Troopilise mango salsa kokkuvõtted 64
   29. Grillitud ananassivardad 66
   30. Kookose banaanihammustused 68
   31. Troopiline jogurti kaste 70
   32. Troopiliste puuviljade salat 72
TROOPILISED MAATURID 74
   33. Kreemjas troopiliste puuviljade salat 75
   34. Troopiline ananassi kana 77
   35. Maitske Tropicsi krevette 79

36. Kariibi mere grillitud sealiha troopilise salsaga 81
37. Homaari saba grillitud troopiliste puuviljadega 83
38. Troopiline musta oa salat mangoga 85
39. Troopiline riisikauss 87
40. Troopilised sealiha kebabid 89
41. Jamaica Jerk Pork 91
42. Mango karri tofu 93
43. Kariibi mere musta oa ja mango kinoa salat 95
44. Hawaii Teriyaki kana 97
45. Kookos-laimi krevettide karri 99
46. Jamaica karrikits 101
47. Kariibi mere stiilis kalatacod 103
48. Mango glasuuritud lõhe 105
49. Kariibi mere köögiviljakarri 107
50. Jerk Chicken mango salsaga 110
51. Hawaii BBQ searibid 112
52. Kariibi grillitud praad ananassisalsaga 114

TROOPILISED MAGUSTOOTED 116
53. Troopiliste puuviljade pavlova 117
54. Troopiline Margarita sorbett 119
55. Kookose ja ananassi troopiline gelato 121
56. Troopiline pisiasi 123
57. Troopiline valtsitud jäätis 125
58. Troopiliste puuviljade vaht 127
59. Troopiliste puuviljade šerbett 129
60. Mango kookose Chia popsicles 131
61. Mango kookospähkli Panna Cotta 133
62. Piña Colada koogikesi 135
63. Passion Fruit Mousse 137
64. Mango kleepuv riis 139
65. Guajaav juustukook 141
66. Ananassi tagurpidi kook 144
67. Kookose makroonid 147
68. Ananassi kookosejäätis 149
69. Kookose riisipuding 151
70. Mango kookospähkli tort 153
71. Papaia laimi sorbett 156
72. Kookose banaanipuding 158
73. Ananass Coconut Crumble 160

TROOPILISED JOOGID 162
74. Troopiline vesi 163
75. Troopiline paradiis 165
76. Troopiline jäätee 167

77. Vürtsikas troopiline roheline smuuti 169
78. Troopilise mandariini smuuti 171
79. Troopiline kinoa smuuti 173
80. Tropicala 175
81. Piña Colada 177
82. Maasika Daiquiri 179
83. Troopiline Margarita 181
84. Sinine Hawaii Mocktail 183
85. Mango Mojito Mocktail 185
86. Kookose limeade 187
87. Troopiline Sangria 189
88. Arbuusilaimi jahuti 191
89. Mango roheline tee 193
90. Troopiline punch 195
91. Hibiski jäätee 197
92. Troopiline jääkohv 199

TROOPILISED MAITSED 201

93. Ananassi-Papaya salsa 202
94. Mango salsa 204
95. Kookose koriandri chutney 206
96. Tamarind Chutney 208
97. Passion Fruit Või 210
98. Papaia seemnete kastmine 212
99. Guajaav BBQ kaste 214
100. Mango Habanero kaste 216

KOKKUVÕTE 218

SISSEJUHATUS

Nautige oma meeli kulinaarsel reisil, mis ületab piire ja viib teid troopika päikeseküllastele kallastele saatega "Troopilise köögi tõeline triumf". See kokaraamat on rikkalik pidustus troopilist kööki iseloomustavatest erksatest ja mitmekesistest maitsetest – maitsete kaleidoskoop, mis tantsib suulael ja kutsub esile päikeseliste sihtkohtade rõõmsa vaimu. See 100 hoolikalt kureeritud retseptiga kollektsioon on teie pass, mille abil saate nautida rikkalikke eksootilisi puuvilju, aromaatseid vürtse ja troopilist gastronoomiat iseloomustavaid rikkalikke kulinaarseid traditsioone.

Sulgege silmad ja kujutage ette maastikku, mida kaunistavad palmidega ääristatud rannad, taevasinine vesi ja troopilistest naudingutest tulvil elujõulised turuplatsid. Nüüd avage see kokaraamat ja laske sellel olla teie köögi troopiliseks paradiisiks muutmise teejuht. "Troopilise köögi tõeline triumf" on midagi enamat kui kulinaarne teekond; see on Kariibi mere, Vaikse ookeani saarte ja Kagu-Aasia kulinaarsete traditsioonide järgi kootud elava seinavaiba uurimine.

Alates esimesest värskendavast kookosepõhise kokteili lonksust kuni mahlaka troopiliste puuviljade magustoidu viimase ampsuni on iga retsept tunnistus rõõmust, pidulikkusest ja rikkusest, mis troopilist kööki iseloomustavad. Ükskõik, kas korraldate elavat rannaäärset koosviibimist, korraldate lähedastele pidu või soovite lihtsalt oma igapäevastesse toitudesse saarte hõngu lisada, need retseptid on loodud selleks, et tuua teie lauale troopiline pidu.

Liituge meiega, kui me süveneme troopiliste koostisosade, erksate vürtside ja pidustuskunsti lopsakasse maailma veetlevate roogade kaudu. Taevasinise taeva ja liivaste kallaste taustal toimuv "Troopilise köögi tõeline triumf" kutsub teid kulinaarsele eskapaadile, mis tabab päikeseliste kallaste olemust ja tõstab teie igapäevased toidud pidulikeks pidustusteks.

Niisiis, kata oma laud värvidega, mis meenutavad türkiissinist merd ja troopilist taimestikku, koguge kokku koostisosad ja laske tähistamisel alata, kui sukeldume troopilistesse kulinaarsetesse imedesse, mis selle kokaraamatu lehekülgedel ees ootavad. Olge valmis nautima troopilise toiduvalmistamise rõõmu, maitseid ja ülimat pidustust!

TROOPILISED HOMMIKUSÖÖKID

1.Troopiline omlett

KOOSTISOSAD:
- 3 muna
- 2 spl kookospiima
- ¼ tassi kuubikuteks lõigatud ananassi
- ¼ tassi kuubikuteks lõigatud paprikat
- ¼ tassi kuubikuteks lõigatud punast sibulat
- ¼ tassi riivitud juustu (cheddar või mozzarella)
- 1 spl hakitud värsket koriandrit
- Sool ja pipar maitse järgi
- Küpsetamiseks või või õli

JUHISED:
a) Vahusta kausis munad, kookospiim, sool ja pipar.
b) Kuumuta mittenakkuva pann keskmisel kuumusel ja lisa veidi võid või õli, et pind katta.
c) Vala munasegu pannile ja lase minut aega küpseda, kuni servad hakkavad tahenema.
d) Puista poolele omletile kuubikuteks lõigatud ananass, paprika, punane sibul, riivitud juust ja hakitud koriander.
e) Voldi spaatliga teine pool omletist täidise peale.
f) Küpseta veel minut või kuni juust sulab ja omlett on läbi küpsenud.
g) Libista omlett taldrikule ja serveeri kuumalt.
h) Nautige maitsva omleti troopilisi maitseid!

2. Ananassi Chia puding

KOOSTISOSAD:
- 1 (13,5 untsi) purk kookospiima
- 1 tass 2% tavalist kreeka jogurtit
- ½ tassi chia seemneid
- 2 supilusikatäit mett
- 2 spl suhkrut
- 1 tl vaniljeekstrakti
- Näputäis koššersoola
- 1 tass tükeldatud mangot
- 1 tass kuubikuteks lõigatud ananassi
- 2 supilusikatäit hakitud kookospähklit

JUHISED:
a) Vahusta suures kausis kookospiim, jogurt, chia seemned, mesi, suhkur, vanill ja sool, kuni need on hästi segunenud.
b) Jagage segu ühtlaselt nelja (16 untsi) müüripurki.
c) Kata kaanega ja hoia üleöö või kuni 5 päeva külmkapis.
d) Serveeri külmalt mango ja ananassiga ning kookospähkliga üle puistatuna.

3. Troopiline prantsuse röstsai

KOOSTISOSAD:
- 4 viilu leiba
- 2 muna
- ½ tassi kookospiima
- 1 tl vaniljeekstrakti
- 1 spl mett või vahtrasiirupit
- Näputäis soola
- Katteks viilutatud banaanid ja mangod
- Tilgutamiseks vahtrasiirup või mesi

JUHISED:
a) Klopi madalas kausis kokku munad, kookospiim, vaniljeekstrakt, mesi või vahtrasiirup ja sool.
b) Kastke iga leivaviil munasegusse, laske sellel paar sekundit mõlemalt poolt liguneda.
c) Kuumuta mittenakkuva pann või küpsetusplaat keskmisel kuumusel ja määri kergelt või või õliga.
d) Küpseta leotatud saiaviilud pannil mõlemalt poolt kuldpruuniks.
e) Tõsta prantsuse röstsai serveerimistaldrikutele.
f) Kõige peale tõsta viilutatud banaanid ja mangod.
g) Nirista üle vahtrasiirupi või meega.
h) Nautige klassikalise prantsuse röstsaia troopilist hõngu!

4.Kuldsed vahvlid troopiliste puuviljadega

KOOSTISOSAD:
DATE VÕI
- 1 pulk soolata võid, toasoe
- 1 tass jämedalt hakitud kivideta datleid

VAHvlid
- 1 ½ tassi universaalset jahu
- 1 tass jämedalt jahvatatud mannajahu
- ¼ tassi granuleeritud suhkrut
- 2 ½ teelusikatäit küpsetuspulbrit
- ½ tl söögisoodat
- ¾ tl jämedat soola
- 1 ¾ tassi täispiima, toatemperatuur
- ⅓ tassi hapukoort, toatemperatuur
- 1 pulk soolata võid, sulatatud
- 2 suurt muna, toasoe
- 1 tl puhast vaniljeekstrakti
- Taimeõli keedusprei
- Serveerimiseks viilutatud kiivid ja tsitrusviljad, hakitud pistaatsiapähklid ja puhas vahtrasiirup

JUHISED:
DATE VÕI:
a) Puljonge või ja datlid köögikombainis, kraapides paar korda külgi allapoole, kuni need on ühtlased ja kombineeritud. Datlivõid saab valmistada kuni nädal ette ja hoida külmkapis; soojendage enne kasutamist toatemperatuurile.

VAHvlid:
b) Vahusta suures kausis jahu, suhkur, küpsetuspulber, sooda ja sool. Vahusta eraldi kausis piim, hapukoor, või, munad ja vanill.
c) Klopi piimasegu jahusegu hulka lihtsalt segunemiseks.
d) Eelsoojenda vahvliraud. Katke õhukese kihiga küpsetussprei. Valage 1 ¼ tassi tainast vahvli kohta triikraua keskele, et see leviks peaaegu servadeni.
e) Sulgege kaas ja küpseta kuldpruuniks ja krõbedaks 6–7 minutit.
f) Eemaldage triikrauast ja visake kiiresti mitu korda käte vahel, et aur vabaneks ja säiliks krõbedus, seejärel asetage ääristatud küpsetusplaadile asetatud restile. serveerimiseni hoida soojas 225 kraadises ahjus.
g) Partiide vahel korrake triikraua katmist rohkema toiduvalmistamispihustiga.

Serveeri datlivõi, puuviljade, pistaatsiapähklite ja siirupiga.

5.Troopilised puuviljad Crêpe s

KOOSTISOSAD:
- 4 untsi Tavalist jahu, sõelutud
- 1 näputäis soola
- 1 tl tuhksuhkrut
- 1 muna pluss üks munakollane
- ½ pint piima
- 2 spl sulatatud võid
- 4 untsi suhkrut
- 2 supilusikatäit brändit või rummi
- 2½ tassi troopiliste puuviljade segu

JUHISED:
a)   Crêpe-taigna valmistamiseks pane jahu, sool ja tuhksuhkur kaussi ning sega läbi.
b)   Klopi juurde järk-järgult munad, piim ja või. Lase seista vähemalt 2 tundi.
c)   Kuumutage kergelt rasvainega määritud pann, segage tainas ja kasutage 8 kreppi valmistamiseks. Hoida soojas.
d)   Täidise valmistamiseks pane troopiliste puuviljade segu koos suhkruga kastrulisse ja kuumuta õrnalt, kuni suhkur lahustub.
e)   Kuumuta keemiseni ja kuumuta, kuni suhkur karamelliseerub. Lisa brändi.
f)   Täida iga krepp puuviljaga ja serveeri kohe koore või creme fraiche'ga.

6.Troopiline kookosepuding

KOOSTISOSAD:
- ¾ tassi vanaaegset gluteenivaba kaera
- ½ tassi magustamata hakitud kookospähklit
- 2 tassi vett
- 1¼ tassi kookospiima
- ½ tl jahvatatud kaneeli
- 1 banaan, viilutatud

JUHISED:
a) Sega kausi abil kaer, kookospähkel ja vesi. Kata ja jahuta üleöö.
b) Tõsta segu väikesesse kastrulisse.
c) Lisa piim ja kaneel ning hauta keskmisel kuumusel umbes 12 minutit.
d) Eemaldage tulelt ja laske 5 minutit seista.
e) Jaga 2 kausi vahel ja tõsta peale banaaniviilud.

7.Troopilised pannkoogid

KOOSTISOSAD:
- 1¾ tassi vanaaegset valtsitud kaera
- 1½ tl küpsetuspulbrit
- 1 tl söögisoodat
- ½ tl kaneeli
- ¼ teelusikatäit soola
- 1 keskmine küps banaan, purustatud
- 2 spl kookosõli, sulatatud
- 1 spl vahtrasiirup
- 1 suur muna
- 1 tl vaniljeekstrakti
- ¾ tassi 2% madala rasvasisaldusega piima
- ½ tassi konserveeritud täisrasvast kookospiima
- ½ tassi peeneks hakitud ananassi
- ½ tassi peeneks hakitud mangot

JUHISED:

a) Lisa kõik koostisosad, välja arvatud ananass ja mango, blenderisse.
b) Vahusta segu blenderis, kuni saad ühtlase vedeliku.
c) Vala pannkoogitainas suurde kaussi.
d) Sega juurde ananass ja mango.
e) Laske taignal 5–10 minutit seista. See võimaldab kõigil koostisosadel kokku tulla ja annab taignale parema konsistentsi.
f) Pihustage mittenakkuvale pannile või praepannile ohtralt taimeõli ja kuumutage keskmisel-madalal kuumusel.
g) Kui pann on kuum, lisage tainas ¼-tassi mõõtetopsi abil ja valage pannkoogi valmistamiseks pannile. Kasutage pannkoogi vormimiseks mõõtetopsi.
h) Küpseta, kuni küljed on hangunud ja keskele tekivad mullid (umbes 2–3 minutit), seejärel keerake pannkook ümber.
i) Kui pannkook on sellelt küljelt küpsenud, eemaldage pannkook tulelt ja asetage see taldrikule.

8.Troopilise jogurti kauss

KOOSTISOSAD:
- Ananassi tükid, viilutatud
- Kiivi, viilutatud
- Mango viilud
- ½ tassi kreeka jogurtit
- Kookospähkli laastud
- hakitud sarapuupähklid

JUHISED:
a) Kallake kaussi sisse kreeka jogurt ja lisage puuviljad ja muud lisandid.

9.Troopiliste puuviljade smuutikauss

KOOSTISOSAD:
- 1 küps banaan
- 1 tass külmutatud mango tükid
- 1 tass külmutatud ananassi tükke
- ½ tassi kookospiima
- Lisandid: viilutatud kiivi, riivitud kookospähkel, granola, chia seemned

JUHISED:
a) Sega segistis banaan, mangotükid, ananassitükid ja kookospiim.
b) Blenderda ühtlaseks ja kreemjaks.
c) Vala smuuti kaussi.
d) Kõige peale lisa viilutatud kiivi, hakitud kookospähkel, granola ja chia seemned.
e) Nautige oma värskendavat troopiliste puuviljade smuutikaussi!

10.Mango kookose pannkoogid

KOOSTISOSAD:
- 1 tass universaalset jahu
- 1 spl suhkrut
- 1 tl küpsetuspulbrit
- ½ tl söögisoodat
- ¼ teelusikatäit soola
- 1 tass kookospiima
- ½ tassi mangopüreed
- 1 muna
- 2 spl sulatatud võid
- Katteks tükeldatud mango

JUHISED:

a) Vahusta kausis jahu, suhkur, küpsetuspulber, sooda ja sool.

b) Sega teises kausis kookospiim, mangopüree, muna ja sulatatud või.

c) Valage märjad koostisosad kuivade koostisosade hulka ja segage, kuni need on lihtsalt segunenud.

d) Kuumuta mittenakkuva pann või küpsetusplaat keskmisel kuumusel ja määri kergelt või või õliga.

e) Valage iga pannkoogi jaoks ¼ tassi tainast pannile.

f) Küpseta, kuni pinnale tekivad mullid, seejärel keerake ümber ja küpsetage teine pool kuldpruuniks.

g) Serveeri mango-kookosepannkoogid, mille peal on viilutatud mango.

h) Nautige nende kohevate pannkookide troopilisi maitseid!

11.Troopiline Acai Bowl

KOOSTISOSAD:
- 2 külmutatud acai pakki
- 1 küps banaan
- ½ tassi külmutatud segatud marju
- ½ tassi kookosvett või mandlipiima
- Lisandid: viilutatud banaan, kiivi, marjad, granola, kookoshelbed

JUHISED:

a) Blenderis blenderis külmutatud acai pakid, küps banaan, külmutatud segatud marjad ja kookosvesi või mandlipiim ühtlaseks ja paksuks massiks.

b) Vala acai segu kaussi.

c) Kõige peale lisa viilutatud banaan, kiivi, marjad, granola ja kookoshelbed.

d) Laota lisandid vastavalt soovile acai segu peale.

e) Serveeri kohe ja naudi värskendavat ja toitvat troopilist acai kaussi!

12.Kookospähkli mango kinoa hommikusöögikauss

KOOSTISOSAD:
- ½ tassi keedetud kinoat
- ¼ tassi kookospiima
- 1 küps mango, tükeldatud
- 2 supilusikatäit hakitud kookospähklit
- 1 spl mett või vahtrasiirupit
- Soovi korral lisandid: viilutatud mandlid, chia seemned

JUHISED:

a) Sega kausis keedetud kinoa, kookospiim, kuubikuteks lõigatud mango, hakitud kookospähkel ja mesi või vahtrasiirup.

b) Sega hästi, et kõik koostisosad seguneksid.

c) Soovi korral lisa täiendavaid katteid, näiteks viilutatud mandleid ja chia seemneid.

d) Nautige selle toitva kookospähkli mango kinoa hommikusöögikausi troopilisi maitseid!

13. Papaia laimi hommikusöögiparfee

KOOSTISOSAD:
- 1 küps papaia, tükeldatud
- 1 laimi mahl
- 1 tass kreeka jogurtit
- ¼ tassi granolat
- 2 spl mett või vahtrasiirupit
- Kaunistuseks värsked piparmündilehed

JUHISED:

a) Sega kausis kuubikuteks lõigatud papaia ja laimimahl. Viska õrnalt, et papaia kataks laimimahlaga.

b) Laota serveerimisklaasidesse või kaussidesse papaia segu, kreeka jogurt ja granola.

c) Nirista peale mett või vahtrasiirupit.

d) Kaunista värskete piparmündilehtedega.

e) Nautige värskendavat ja vürtsikat papaia-laimi hommikusöögi parfeed!

14.Troopiline hommikusöök Burrito

KOOSTISOSAD:
- 2 suurt tortillat
- 4 muna, vahupuder
- ½ tassi kuubikuteks lõigatud ananassi
- ½ tassi kuubikuteks lõigatud paprikat
- ¼ tassi kuubikuteks lõigatud punast sibulat
- ¼ tassi riivitud juustu (cheddar või mozzarella)
- Kaunistuseks värske koriander
- Sool ja pipar maitse järgi
- Salsa või kuum kaste serveerimiseks (valikuline)

JUHISED:
a) Prae pannil munapuder valmis. Maitsesta soola ja pipraga.
b) Soojendage tortillasid eraldi pannil või mikrolaineahjus.
c) Jaga tortillade vahel munapuder, kuubikuteks lõigatud ananass, kuubikuteks lõigatud paprika, kuubikuteks lõigatud punane sibul ja riivitud juust.
d) Voldi tortillade küljed sisse ja rulli need kokku, et moodustada burritod.
e) Valikuline: röstige burritod kergelt pannil, et need krõbedaks muutuda.
f) Kaunista värske koriandriga.
g) Serveeri soovi korral salsa või kuuma kastmega.
h) Nautige klassikalise hommikusöögi burrito troopilist hõngu!

15. Kookose banaanileib

KOOSTISOSAD:
- 2 küpset banaani, püreestatud
- ½ tassi kookospiima
- ¼ tassi sulatatud kookosõli
- ¼ tassi mett või vahtrasiirupit
- 1 tl vaniljeekstrakti
- 1 ¾ tassi universaalset jahu
- 1 tl küpsetuspulbrit
- ½ tl söögisoodat
- ¼ teelusikatäit soola
- ¼ tassi hakitud kookospähklit
- Valikuline: ½ tassi hakitud troopilisi pähkleid

JUHISED:
a) Kuumuta ahi temperatuurini 350 °F (175 °C) ja määri pätsivorm.
b) Segage suures kausis püreestatud banaanid, kookospiim, sulatatud kookosõli, mesi või vahtrasiirup ja vaniljeekstrakt. Sega hästi.
c) Vahusta eraldi kausis jahu, küpsetuspulber, sooda ja sool.
d) Lisage kuivained järk-järgult märgadele koostisosadele, segades, kuni need on lihtsalt segunenud.
e) Murra sisse hakitud kookospähkel ja hakitud pähklid (kui kasutad).
f) Vala tainas ettevalmistatud leivavormi ja aja ühtlaselt laiali.
g) Küpseta 45–55 minutit või kuni keskele torgatud hambaork tuleb puhtana välja.
h) Võta ahjust välja ja lase kookosbanaanileival pannil paar minutit jahtuda.
i) Tõsta leib restile täielikult jahtuma.
j) Viiluta ja serveeri maitsev troopiline kookosbanaanileib.

16.Troopilised hommikusöögi tacod

KOOSTISOSAD:
- 4 väikest maisi tortillat
- 4 muna, vahupuder
- ½ tassi kuubikuteks lõigatud ananassi
- ¼ tassi kuubikuteks lõigatud punast paprikat
- ¼ tassi kuubikuteks lõigatud punast sibulat
- ¼ tassi hakitud värsket koriandrit
- 1 laimi mahl
- Sool ja pipar maitse järgi
- Soovi korral lisandid: viilutatud avokaado, salsa, kuum kaste

JUHISED:
a) Sega kausis kuubikuteks lõigatud ananass, punane paprika, punane sibul, koriander, laimimahl, sool ja pipar. Sega hästi.
b) Soojendage maisitortillasid pannil või mikrolaineahjus.
c) Täida iga tortilla munapuder ja lisa troopilise ananassi salsaga.
d) Lisage valikulisi lisandeid, nagu viilutatud avokaado, salsa või kuum kaste.
e) Serveeri maitsvaid troopilisi hommikusöögi tacosid.

17. Troopiline avokaado röstsai

KOOSTISOSAD:
- 2 viilu täisteraleiba, röstitud
- 1 küps avokaado, kooritud ja kivideta
- ½ laimi mahl
- ¼ tassi kuubikuteks lõigatud ananassi
- ¼ tassi tükeldatud mangot
- 1 spl hakitud värsket koriandrit
- Sool ja pipar maitse järgi
- Valikulised lisandid: viilutatud redis, mikrorohelised või fetajuust

JUHISED:
a) Püreesta kausis küps avokaado kahvliga.
b) Lisa laimimahl, tükeldatud ananass, tükeldatud mango, hakitud koriander, sool ja pipar.
c) Sega hästi, kuni kõik koostisosad on ühendatud.
d) Määri avokaadosegu ühtlaselt röstitud saiaviiludele.
e) Soovi korral lisage valikulisi katteid, nagu viilutatud redis, mikrorohelised või murendatud fetajuust.
f) Serveerige troopilist avokaado röstsaia maitsva ja rahuldava suupiste või kerge einena.
g) Nautige kreemjat avokaadot koos magusate ja teravate troopiliste puuviljadega!

TROOPILISED SUUPISTED

18. Troopiline suupistete segu

KOOSTISOSAD:
- 6 tassi popkorni
- 1 tass kuivatatud ananassi
- 1 tass röstitud makadaamiapähkleid
- 1 tass banaanilaastud
- ½ tassi röstitud kookoshelbeid

JUHISED

a) Segage kõik koostisosad suures kausis, kuni need on hästi segunenud.

b) Serveeri kohe või säilita õhukindlas anumas.

19. Troopiline kokteil ceviche

KOOSTISOSAD:
- ¾ naela Snapper
- 1 nael kammkarbid; neljandikku
- 1 väike punane sibul; poolitatud, õhukesteks viiludeks
- ¼ tassi koriandrit; jämedalt hakitud
- 2 tassi mangot; kuubikuteks lõigatud
- 1½ tassi ananassi; kuubikuteks lõigatud
- Marinaad
- 1 tass laimimahla; värskelt pressitud
- 1 spl laimi koort; riivitud
- 1 tass riisiäädikat
- ¼ tassi suhkrut
- 1½ tl punase pipra helbed; maitsta
- 1½ teelusikatäit soola
- 2 tl koriandri seemet; purustatud

JUHISED:
a) Kombineerige marinaadi koostisosad suures klaasist või roostevabast terasest segamisnõus. Klopi kokku ja tõsta kõrvale.
b) Loputage kala ja kammkarbid külmas vees ning kuivatage paberrätikutega. Lisa kammkarbid marinaadile ja pane külmkappi. Lõika kala ½-tollisteks tükkideks ja lisa koos sibulaga marinaadile.
c) Segage õrnalt, katke ja hoidke enne serveerimist vähemalt 4 tundi külmkapis.
d) Segage aeg-ajalt, et marinaad tungiks ühtlaselt mereandide sisse. Selle hetkeni võib ceviche'i valmistada kuni 2 päeva ette. Umbes 30 minutit enne serveerimist segage koriander ja puuviljad ning pange roog serveerimiseks tagasi külmkappi.
e) Serveeri väikestes jahutatud kaussides või taldrikutes või pidulikuma välimuse saamiseks shotiklaasides või kokteilikummides.

20.Troopilise sidruni valgu hammustused

KOOSTISOSAD:
- 1¾ tassi india pähkleid
- ¼ tassi kookosjahu
- ¼ tassi magustamata hakitud kookospähklit
- 3 supilusikatäit tooreid kooritud kanepiseemneid
- 3 supilusikatäit vahtrasiirupit
- 3 spl värsket sidrunimahla

JUHISED:
a) Pane india pähklid köögikombaini ja töötle väga peeneks.
b) Lisa ülejäänud koostisosad ja töötle, kuni see on hästi segunenud.
c) Valage segu suurde kaussi.
d) Võtke taignast tükk ja suruge see palliks.
e) Jätkake pigistamist ja töötlemist paar korda, kuni moodustub pall ja on tahke.

21.Troopiline kreeka pähkli pizza

KOOSTISOSAD:
- 1 valmis pitsakoor
- 1 supilusikatäit oliiviõli
- 13,5 untsi konteiner puuviljamaitselist toorjuustu
- 26 untsi purk mangoviile, nõrutatud ja tükeldatud
- ½ C. hakitud kreeka pähklid

JUHISED:
a) Küpseta pitsakoor ahjus vastavalt pakendi juhistele.
b) Määri koorik ühtlaselt õliga.
c) Määri koorikule toorjuust ning raputa peale hakitud mango ja pähklid.
d) Lõika meelepärasteks viiludeks ja serveeri.

22.Ananassi kookose energiapallid

KOOSTISOSAD:
- 1 tass datleid, kivideta
- 1 tass kuivatatud ananassi
- ½ tassi hakitud kookospähklit
- ¼ tassi mandlijahu või jahvatatud mandleid
- ¼ tassi chia seemneid
- 1 spl kookosõli, sulatatud
- 1 tl vaniljeekstrakti

JUHISED:
a) Blenderda köögikombainis datlid ja kuivatatud ananass, kuni need moodustavad kleepuva pasta.
b) Lisa köögikombaini purustatud kookospähkel, mandlijahu, chia seemned, sulatatud kookosõli ja vaniljeekstrakt.
c) Pulseerige, kuni kõik koostisosad on hästi segunenud ja moodustavad taignataolise konsistentsi.
d) Veereta segust väikesed pallikesed.
e) Valikuline: veeretage pallikesi katmiseks täiendavas hakitud kookospähklis.
f) Aseta energiapallid õhukindlasse anumasse ja hoia enne serveerimist vähemalt 30 minutit külmkapis.
g) Nautige neid maitsvaid ja energiat andvaid ananassi kookose energiapalle!

23. Troopiliste puuviljade kabobid

KOOSTISOSAD:
- Erinevaid troopilisi puuvilju (ananass, mango, kiivi, banaan, papaia jne), lõigatud hammustavateks tükkideks
- Puidust vardad

JUHISED:
a) Keerake troopilised puuviljad puidust varrastele mis tahes mustriga.
b) Korrake ülejäänud puuviljade ja varrastega.
c) Serveerige troopiliste puuviljade kabobe niisama või kastmiseks koos jogurti või meega.
d) Nautige neid värvilisi ja toitvaid puuviljavardaid!

24.Kookos-laimi popkorn

KOOSTISOSAD:
- ½ tassi popkorni tuuma
- 2 spl kookosõli
- 1 laimi koor ja mahl
- 2 supilusikatäit hakitud kookospähklit
- Soola maitse järgi

JUHISED:
a) Kuumuta kookosõli suures potis keskmisel kuumusel.
b) Lisa popkornituumad ja kata pott kaanega.
c) Põlemise vältimiseks raputage potti aeg-ajalt.
d) Kui hüppamine aeglustub, eemaldage pott tulelt ja laske sellel minut aega seista, et kõik tuumad oleksid paiskunud.
e) Sega väikeses kausis laimikoor, laimimahl, hakitud kookospähkel ja sool.
f) Nirista laimi-kookosesegu värskelt popkornile ja viska ühtlaseks katteks.
g) Nautige maitsvat ja troopilist kookos-laimi popkorni kerge ja maitsva suupistena!

25. Kookos-laimi guacamole

KOOSTISOSAD:
- 2 küpset avokaadot
- 1 laimi mahl
- 1 laimi koor
- 2 supilusikatäit hakitud värsket koriandrit
- 2 spl kuubikuteks hakitud punast sibulat
- 2 supilusikatäit hakitud kookospähklit
- Sool ja pipar maitse järgi

JUHISED:
a) Püreesta küpsed avokaadod kausis kahvliga kreemjaks.
b) Lisa laimimahl, laimikoor, hakitud koriander, kuubikuteks lõigatud punane sibul, hakitud kookospähkel, sool ja pipar.
c) Sega hästi, et kõik koostisosad seguneksid.
d) Maitse ja maitsesta vastavalt soovile.
e) Serveeri kookoslaimi guacamole koos tortillakrõpsudega või kasuta seda tacode, võileibade või salatite maitsva kattena.
f) Nautige selle troopilise guacamole kreemiseid ja teravaid maitseid!

26.Kookose krevetid

KOOSTISOSAD:
- 1 kilo krevette, kooritud ja tükeldatud
- ½ tassi universaalset jahu
- ½ tassi hakitud kookospähklit
- 2 muna, lahtiklopitud
- Sool ja pipar maitse järgi
- Toiduõli praadimiseks

JUHISED:
a) Segage madalas kausis universaalne jahu, hakitud kookospähkel, sool ja pipar.
b) Kastke kõik krevetid lahtiklopitud munadesse, laske üleliigsel maha tilkuda, ja määrige seejärel kookospähkliseguga.
c) Kuumuta toiduõli sügaval pannil või potis keskmisel-kõrgel kuumusel.
d) Prae kookospähkliga kaetud krevette partiidena kuldpruuniks ja krõbedaks, umbes 2-3 minutit mõlemalt poolt.
e) Eemalda krevetid õlist ja nõruta paberrätikutel.
f) Serveeri kookoskrevette maitsva troopilise eelroana või suupistena koos enda valitud dipikastmega, näiteks magusa tšillikastme või mangosalsaga.
g) Nautige krõbedaid ja maitsvaid kookoskrevette!

27. Troopilised granolabatoonid

KOOSTISOSAD:
- 1 ½ tassi valtsitud kaerahelbeid
- ½ tassi hakitud kookospähklit
- ¼ tassi tükeldatud kuivatatud ananassi
- ¼ tassi hakitud kuivatatud mangot
- ¼ tassi hakitud kuivatatud papaiat
- ¼ tassi hakitud pähkleid (nt mandlid, india pähklid, makadaamia pähklid)
- ¼ tassi mett või vahtrasiirupit
- ¼ tassi pähklivõid (nt mandlivõi, maapähklivõi)
- 1 tl vaniljeekstrakti
- Näputäis soola

JUHISED:
a) Kuumuta ahi temperatuurini 350 °F (175 °C) ja vooderda küpsetusvorm küpsetuspaberiga.
b) Segage suures kausis valtsitud kaer, hakitud kookospähkel, tükeldatud kuivatatud ananass, tükeldatud kuivatatud mango, tükeldatud kuivatatud papaia ja hakitud pähklid.
c) Kuumutage väikeses potis mesi või vahtrasiirup, pähklivõi, vaniljeekstrakt ja sool madalal kuumusel, kuni see on sulanud ja hästi segunenud.
d) Vala mee- või vahtrasiirupisegu kuivainetele ja sega, kuni kõik on ühtlaselt kaetud.
e) Tõsta segu ettevalmistatud ahjuvormi ja suru tugevalt alla.
f) Küpseta 15-20 minutit või kuni servad muutuvad kuldpruuniks.
g) Tõsta ahjust välja ja lase vormis täielikult jahtuda.
h) Pärast jahtumist lõika kangideks või ruutudeks.
i) Hoidke troopilisi granolabatoone õhukindlas anumas, et liikvel olles näksida.
j) Nautige neid omatehtud ja toitvaid granolabatoone, mis on täis troopilisi maitseid!

28.Troopilise mango salsa kokkuvõtted

KOOSTISOSAD:
- 4 suurt jahutortillat
- 1 tass toorjuustu
- 1 tass mangosalsat
- ½ tassi hakitud salati- või spinatilehti

JUHISED:
a) Laota jahutortiljad puhtale pinnale.
b) Laota igale tortillale ühtlaselt kiht toorjuustu.
c) Tõsta mangosalsat lusikaga toorjuustukihile, aja laiali nii, et see kataks tortilla.
d) Puista salsa peale rebitud salati- või spinatilehti.
e) Rulli iga tortilla ühest otsast alustades tihedalt kokku.
f) Lõika iga rullitud tortilla hammustusesuurusteks ratasteks.
g) Serveerige troopilise mango salsa rullikuid maitsva ja värskendava suupiste või eelroana.
h) Nautige kreemja, terava ja troopilise maitse kombinatsiooni!

29.Grillitud ananassivardad

KOOSTISOSAD:
- 1 ananass, kooritud, puhastatud südamikust ja tükkideks lõigatud
- 2 spl mett või vahtrasiirupit
- 1 tl jahvatatud kaneeli
- Puidust vardas, leotatud vees 30 minutit

JUHISED:
a) Eelkuumuta grill või grillpann keskmisel kuumusel.
b) Sega väikeses kausis mesi või vahtrasiirup ja jahvatatud kaneel.
c) Tõsta ananassitükid puidust varrastele.
d) Pintselda ananass mee või vahtrasiirupi seguga, kattes kõik küljed.
e) Aseta ananassivardad eelsoojendatud grillile ja küpseta umbes 2-3 minutit mõlemalt poolt või kuni grilli jäljed ilmuvad ja ananass kergelt karamelliseerub.
f) Eemaldage grillilt ja laske neil paar minutit jahtuda.
g) Serveeri grillitud ananassivardaid magusa ja troopilise suupiste või magustoiduna.
h) Nautige grillitud ananassi suitsuseid ja karamelliseeritud maitseid!

30. Kookose banaanihammustused

KOOSTISOSAD:
- 2 banaani, kooritud ja tükkideks lõigatud
- ¼ tassi sulatatud tumedat šokolaadi
- ¼ tassi hakitud kookospähklit

JUHISED:
a) Vooderda ahjuplaat küpsetuspaberiga.
b) Kasta iga banaanitükk sulatatud tumedasse šokolaadi, kattes umbes poolenisti.
c) Veereta šokolaadiga kaetud banaani hakitud kookospähklis, kuni see on ühtlaselt kaetud.
d) Asetage kaetud banaanihammustused ettevalmistatud küpsetusplaadile.
e) Korrake ülejäänud banaanitükkidega.
f) Hoia külmkapis vähemalt 30 minutit või kuni šokolaad taheneb.
g) Serveeri kookospähkli banaanihammustusi veetleva troopilise suupiste või magustoiduna.
h) Naudi kreemja banaani, rikkaliku šokolaadi ja kookose kombinatsiooni!

31.Troopiline jogurti kaste

KOOSTISOSAD:
- 1 tass kreeka jogurtit
- ½ tassi kuubikuteks lõigatud ananassi
- ½ tassi tükeldatud mangot
- ¼ tassi hakitud punast paprikat
- ¼ tassi hakitud punast sibulat
- ¼ tassi hakitud värsket koriandrit
- 1 spl laimimahla
- ½ tl küüslaugupulbrit
- Sool ja pipar maitse järgi

JUHISED:
a) Sega kausis kreeka jogurt, tükeldatud ananass, tükeldatud mango, hakitud punane paprika, hakitud punane sibul, hakitud koriander, laimimahl, küüslaugupulber, sool ja pipar.
b) Sega hästi, kuni kõik koostisosad on põhjalikult segunenud.
c) Maitse ja vajadusel kohanda maitseainet.
d) Serveeri troopilist dipikastet koos tortillakrõpsude, pitaleiva või köögiviljapulkadega.
e) Nautige seda kreemjat ja maitsvat troopilise hõnguga dippi!

32.Troopiliste puuviljade salat

KOOSTISOSAD:
- 2 tassi kuubikuteks lõigatud ananassi
- 1 tass tükeldatud mangot
- 1 tass tükeldatud papaia
- 1 tass viilutatud kiivi
- 1 tass viilutatud maasikaid
- 1 spl värsket laimimahla
- 1 spl mett või vahtrasiirupit
- Soovi korral lisandid: hakitud kookospähkel või hakitud värske piparmünt

JUHISED:
a) Segage suures kausis kuubikuteks lõigatud ananass, tükeldatud mango, kuubikuteks lõigatud papaia, viilutatud kiivi ja viilutatud maasikad.
b) Vispelda väikeses kausis laimimahl ja mesi või vahtrasiirup.
c) Nirista laimikastet puuviljasalatile ja viska õrnalt katteks.
d) Valikuline: puista peale hakitud kookospähklit või hakitud värsket piparmünti, et lisada maitset ja kaunistada.
e) Serveeri troopiliste puuviljade salatit jahutatult värskendava ja tervisliku vahepalana.
f) Nautige selle troopilise segu erksaid ja mahlaseid maitseid!
g) Need 20 troopilise suupiste retsepti peaksid pakkuma teile mitmesuguseid maitsvaid ja maitsvaid valikuid. Ükskõik, kas otsite midagi magusat, soolast, kreemjat või krõmpsuvat, need retseptid rahuldavad kindlasti teie troopilise iha. Nautige!

TROOPILISED MAATURID

33.Kreemjas troopiliste puuviljade salat

KOOSTISOSAD:
- 15,25 untsi purk troopiliste puuviljade salatit, nõrutatud
- 1 banaan, viilutatud
- 1 tass Külmutatud vahustatud kate, sulatatud

JUHISED:
a) Keskmises kausis ühendage kõik koostisosad.
b) Katmiseks segage õrnalt.

34. Troopiline ananassi kana

KOOSTISOSAD:
- 1 paprika
- 1 väike punane sibul
- 1 nael (450 g) kondita ja nahata kana rinnafileed
- 2 tassi suhkruherneid
- 1 purk (14 untsi/398 ml) ananassitükke mahlas
- 2 spl sulatatud kookosõli
- 1 pkg Troopilise ananassi kana maitseaine
- värske laimimahl

JUHISED :

a) Kuumuta ahi temperatuurini 425° F. Joondage lehtpann koos Sheet Pan Lineriga.

b) Viiluta paprika ja sibul. Segage suures kausis paprika, sibul, kanaliha, herned, ananassitükid (sh mahl), kookosõli ja maitseained. Viska, kuni see on hästi kaetud.

c) Laota pannile ühe kihina nii hästi kui saad. Rösti 16 minutit või kuni kana on läbi küpsenud.

d) Soovi korral viimistlege värske laimiga.

35.Maitske Tropicsi krevette

KOOSTISOSAD:
- 1 laim, pooleks lõigatud
- 1 pkg Troopilise ananassi kana maitseaine
- 1 spl sulatatud kookosõli
- 1 spl mett
- 2 paprikat, lõigatud tükkideks
- 1 väike suvikõrvits, viilutatud ½ tolli ringideks
- 2 tassi külmutatud mango tükke
- 1 nael külmutatud toorelt, kooritud krevetid, sulatatud

JUHISED :

a) Kuumuta ahi temperatuurini 425° F. Joondage lehtpann koos Sheet Pan Lineriga.
b) Kasutades 2-in-1 Citrus Press, pigistage laimist mahl suurde kaussi.
c) Lisa maitseained, õli ja mesi. Sega segamiseks.
d) Asetage paprika, suvikõrvits ja mango pannile.
e) Vala pool kastmest peale.
f) Kasuta tangidega, viska katmiseks.
g) Pane ahju ja rösti 10 min.
h) Vahepeal lisa krevetid kaussi koos ülejäänud kastmega; viska mantlile.
i) Eemaldage pann ahjust; lisa krevetid ühe kihina nii hästi kui võimalik.
j) Rösti 3–4 minutit või kuni krevetid on küpsed.

36.Kariibi mere grillitud sealiha troopilise salsaga

KOOSTISOSAD:
SALSA:
- 1 väike ananass, kooritud, südamik ja kuubikuteks lõigatud
- 1 keskmine apelsin, kooritud ja kuubikuteks lõigatud
- 2 supilusikatäit värsket koriandrit, hakitud
- Mahla poole värske laimi

Sealiha:
- ½ supilusikatäit pruuni suhkrut
- 2 tl hakitud küüslauku
- 2 tl hakitud ingverit
- 2 tl jahvatatud köömneid
- 2 tl jahvatatud koriandrit
- ½ tl kurkumit
- 2 spl rapsiõli
- 6 seafilee karbonaad

JUHISED:
a) Valmistage salsat, kombineerides kausis ananassi, apelsini, koriandrit ja laimimahla. Kõrvale panema. Võib valmistada kuni 2 päeva ette ja hoida külmkapis.
b) Sega väikeses kausis pruuni suhkru segu, küüslauk, ingver, köömned, koriander ja kurkum.
c) Pintselda sealiha kotlette mõlemad pooled rapsiõliga ja määri mõlemale poolele.
d) Kuumuta grill keskmiseks kõrgeks. Asetage sealihatükid grillile umbes 5 minutiks mõlemalt poolt või kuni need on küpsetatud sisetemperatuurini 160 °F.
e) Serveeri iga karbonaad koos ⅓ tassi salsaga.

37. Homaari saba grillitud troopiliste puuviljadega

KOOSTISOSAD:
- 4 bambusest või metallist varrast
- ¾ kuldne ananass, kooritud, puhastatud südamikust ja lõigatud 1-tollisteks viiludeks
- 2 banaani, kooritud ja lõigatud risti kaheksaks 1-tolliseks tükiks
- 1 mango, kooritud, kivideta ja 1-tollisteks kuubikuteks lõigatud
- 4 kivihomaari või suurt Maine'i homaari saba
- ¾ tassi magusat sojaglasuuri
- 1 tass võid, sulatatud
- 4 laimi viilu

JUHISED:
a) Kui grillid bambusvarrastega, siis leota neid vees vähemalt 30 minutit. Süütage grill otsese mõõduka kuumuse jaoks, umbes 350¼F.
b) Varraste vaheldumisi ananassi-, banaani- ja mangotükke varrastele, kasutades iga puuvilja kohta umbes 2 tükki.
c) Liblika homaari sabad, poolitades iga saba pikuti läbi ümara ülemise kesta ja liha, jättes lameda põhja kesta puutumata. Kui kest on väga kõva, kasutage ümara kesta lõikamiseks köögikääre ja liha lõikamiseks nuga.
d) Avage saba õrnalt, et liha paljastada.
e) Pintselda sojaglasuuriga kergelt puuviljavardad ja homaariliha. Pintselda grillrest ja määri õliga. Asetage homaari sabad, lihapool all, otse tulele ja grillige, kuni need on kaunilt märgistatud, 3–4 minutit. Suru sabad spaatli või tangidega grillrestile, et liha kõrbeks. Pöörake ja grillige, kuni liha on sojaglasuuriga üle pestud, kuni liha on täpselt tihke ja valge, veel 5–7 minutit.
f) Samal ajal grillige puuviljavardaid koos homaariga, kuni need on kaunilt märgistatud, umbes 3–4 minutit mõlemalt poolt.
g) Serveeri koos sulatatud või ja pigistamiseks laimiviiludega.

38.Troopiline musta oa salat mangoga

KOOSTISOSAD:
- 3 tassi keedetud musti ube, nõruta ja loputa
- ½ tassi hakitud punast paprikat
- ¼ tassi hakitud punast sibulat
- ¼ tassi hakitud värsket koriandrit
- 1 jalapeño, seemnete ja hakitud (valikuline)
- 3 spl viinamarjaseemneõli
- 2 spl värsket laimimahla
- 2 tl agaavinektarit
- ¼ teelusikatäit soola
- ⅛ tl jahvatatud cayenne'i

JUHISED:
a) Segage suures kausis oad, mango, paprika, sibul, koriander ja jalapeño, kui kasutate, ning pange kõrvale.

b) Vahusta väikeses kausis õli, laimimahl, agaavinektar, sool ja Cayenne. Vala kaste salatile ja sega korralikult läbi.

c) Tõsta 20 minutiks külmkappi ja serveeri.

39.Troopiline riisikauss

KOOSTISOSAD:
KAUSS
- 1 bataat, kooritud ja hakitud näksimissuurusteks tükkideks
- 1 spl ekstra neitsioliiviõli
- 2 tassi jasmiini riisi, keedetud
- 1 ananass, kooritud, puhastatud südamikust ja hakitud tükkideks
- ¼ tassi india pähkleid
- 4 supilusikatäit tooreid kooritud kanepiseemneid

MAGUSHAPU KASTE
- 1 spl maisitärklist
- ½ tassi tükeldatud ananassi
- ¼ tassi riisiäädikat
- ⅓ tassi helepruuni suhkrut
- 3 supilusikatäit ketšupit
- 2 tl sojakastet

JUHISED:
MAGUS KARTUL
a) Kuumuta ahi 425ºF-ni.
b) Viska bataat õliga läbi. Aseta küpsetusplaadile ja rösti 30 minutit.
c) Võta ahjust välja ja lase jahtuda.

MAGUSHAPU KASTE
d) Vispelda väikeses kausis kokku maisitärklis ja 1 spl vett. Kõrvale panema.
e) Lisa blenderisse ananass ja ¼ tassi vett. Blenderda kuni segu on võimalikult ühtlane.
f) Lisage ananassisegu, riisiäädikas, pruun suhkur, ketšup ja sojakaste keskmisesse kastrulisse.
g) Kuumuta keskmisel-kõrgel kuumusel keemiseni.
h) Segage maisitärklise segu ja küpseta kuni paksenemiseni, umbes minut. Tõsta tulelt ja tõsta kausside kokkupanemise ajaks kõrvale.

KOOSTAMINE
i) Asetage riis iga kausi põhja. Lisa rida ananassi, india pähkleid, kanepiseemneid ja maguskartulit.
j) Kõige peale vala magushapu kaste.

40.Troopilised sealiha kebabid

KOOSTISOSAD:
- 8 puidust või metallist varrast
- 2 naela seafilee, lõigatud 1-tollisteks tükkideks
- 2 suurt punast paprikat, südamikust puhastatud, puhastatud ja 8 tükiks lõigatud
- 1 roheline paprika, südamikust puhastatud, puhastatud ja 8 tükiks lõigatud
- ½ värsket ananassi, lõigake neljaks osaks ja seejärel viiludeks
- ½ tassi mett
- ½ tassi laimimahla
- 2 tl riivitud laimikoort
- 3 küüslauguküünt, hakitud
- ¼ tassi kollast sinepit
- 1 tl soola
- ¼ tl musta pipart

JUHISED:

a) Kui kasutate puidust vardaid, leotage neid 15–20 minutit vees.

b) Varrastage iga vardas vaheldumisi sealihatükkide, 2 punase paprika tüki, 1 rohelise paprika tüki ja 2 ananassiviiluga.

c) 9" x 13" ahjuvormis segage mesi, laimimahl, riivitud laimikoor, küüslauk, kollane sinep, sool ja must pipar; sega hästi. Asetage kebabid ahjuvormi ja pöörake marinaadiga katmiseks. Kata kaanega ja hoia aeg-ajalt keerates vähemalt 4 tundi või üleöö külmkapis.

d) Kuumuta grill mõõduka -kõrge kuumusega. Määri kebabid marinaadiga; visake üleliigne marinaad ära.

e) Grillige kebabi 7–9 minutit või seni, kuni sealiha ei ole enam roosa, pöörates sageli igast küljest küpsetamiseks.

41.Jamaica Jerk Pork

KOOSTISOSAD:
- 2 naela sea sisefileed, lõigatud kuubikuteks või ribadeks
- 3 spl Jamaica jerk maitseainet
- 2 spl taimeõli
- 2 spl laimimahla
- 2 spl sojakastet
- 2 spl pruuni suhkrut
- 2 küüslauguküünt, hakitud
- 1 tl riivitud ingverit
- Sool ja pipar maitse järgi

JUHISED:
a) Sega kausis Jamaica jerk-maitseaine, taimeõli, laimimahl, sojakaste, pruun suhkur, hakitud küüslauk, riivitud ingver, sool ja pipar.
b) Lisa kaussi sea sisefilee kuubikud või -ribad ja sega ühtlaselt marinaadiga.
c) Kata kauss kaanega ja pane külmkappi vähemalt 1 tunniks või intensiivsema maitse saavutamiseks üle öö.
d) Eelkuumuta grill või grillpann keskmisel-kõrgel kuumusel.
e) Eemaldage sealiha marinaadist, raputage üleliigne maha.
f) Grilli sealiha umbes 4-6 minutit mõlemalt poolt või kuni see on läbiküpsenud ja kenasti söestunud.
g) Määri sealiha grillimise ajal järelejäänud marinaadiga.
h) Pärast küpsetamist tõsta sealiha serveerimisvaagnale ja lase paar minutit puhata.
i) Serveeri Jamaica jerk sealiha vürtsika ja maitseka troopilise pearoana.
j) Nautige jerk-maitseaine suitsuseid ja aromaatseid maitseid!

42. Mango karri tofu

KOOSTISOSAD:
- 1 plokk (14 untsi) kõva tofu, nõruta ja lõika kuubikuteks
- 1 spl taimeõli
- 1 sibul, viilutatud
- 2 küüslauguküünt, hakitud
- 1 spl karripulbrit
- 1 tl jahvatatud köömneid
- ½ tl jahvatatud kurkumit
- ½ tl jahvatatud koriandrit
- ¼ tl Cayenne'i pipart (maitse järgi)
- 1 purk (14 untsi) kookospiima
- 1 küps mango, kooritud, kivideta ja kuubikuteks lõigatud
- 1 spl laimimahla
- Soola maitse järgi
- Kaunistuseks hakitud värsket koriandrit
- Serveerimiseks keedetud riis või naanileib

JUHISED:

a) Kuumuta taimeõli suurel pannil või wokis keskmisel kuumusel.

b) Lisa viilutatud sibul ja hakitud küüslauk ning prae 2–3 minutit, kuni need on pehmed ja lõhnavad.

c) Lisa karripulber, jahvatatud köömned, jahvatatud kurkum, jahvatatud koriander ja cayenne'i pipar. Sega hästi, et sibul ja küüslauk oleks vürtsidega kaetud.

d) Lisa pannile kuubikuteks lõigatud tofu ja küpseta 3-4 minutit, kuni see on kergelt pruunistunud.

e) Vala sisse kookospiim ja lase keema tõusta.

f) Lisa pannile tükeldatud mango ja laimimahl ning maitsesta maitse järgi soolaga.

g) Hauta 5-6 minutit, kuni tofu on läbi kuumenenud ja maitsed segunenud.

h) Kaunista hakitud värske koriandriga.

i) Serveeri mango-karri tofut keedetud riisi või naanileivaga, et saada rahuldav troopiline pearoog.

j) Naudi kreemjat ja aromaatset mangokarrit koos õrna tofu ja lõhnavate vürtsidega!

43.Kariibi mere musta oa ja mango kinoa salat

KOOSTISOSAD:
- 1 tass keedetud kinoat, jahutatud
- 1 purk (15 untsi) musti ube, loputatud ja nõrutatud
- 1 küps mango, kooritud, kivideta ja kuubikuteks lõigatud
- 1 punane paprika, tükeldatud
- ¼ tassi hakitud punast sibulat
- ¼ tassi hakitud värsket koriandrit
- 1 laimi mahl
- 2 spl oliiviõli
- 1 tl jahvatatud köömneid
- Sool ja pipar maitse järgi

JUHISED:
a) Segage suures kausis keedetud kinoa, mustad oad, tükeldatud mango, tükeldatud punane paprika, hakitud punane sibul ja hakitud värske koriander.
b) Vahusta väikeses kausis laimimahl, oliiviõli, jahvatatud köömned, sool ja pipar.
c) Vala kaste kinoa segule ja sega ühtlaseks.
d) Vajadusel reguleeri maitsestamist.
e) Kata kauss ja pane vähemalt 30 minutiks külmkappi, et maitsed seguneksid.
f) Enne serveerimist loksuta salatit õrnalt, et kõik koostisosad oleksid hästi segunenud.
g) Serveeri Kariibi mere musta oa ja mango kinoa salatit värskendava ja toitva troopilise pearoana.
h) Naudi valgurikaste mustade ubade, mahlase mango ja lõhnava koriandri kombinatsiooni igas suutäies!

44.Hawaii Teriyaki kana

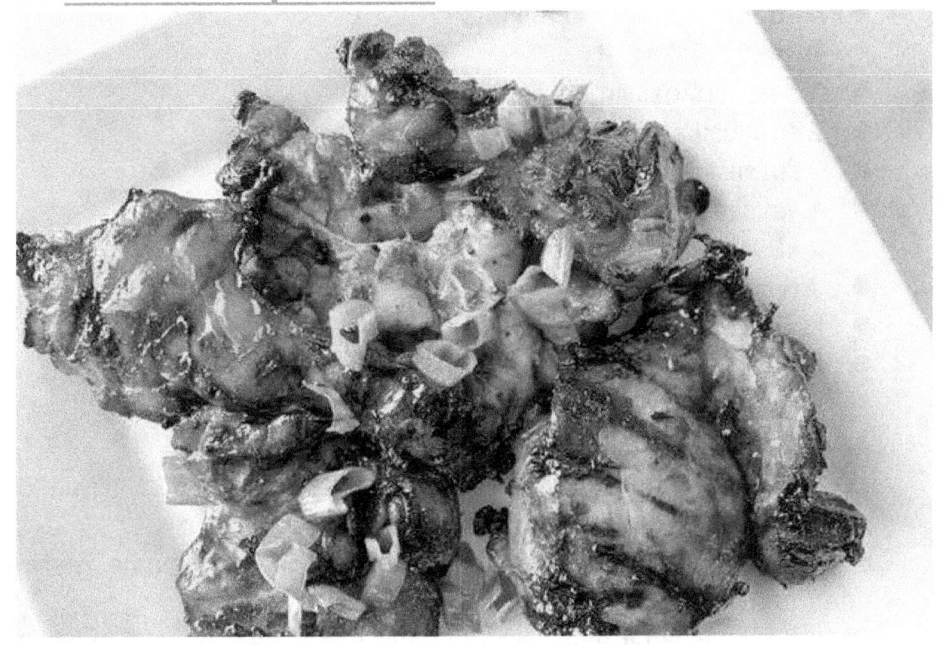

KOOSTISOSAD:
- 4 kondita, nahata kanakintsu
- ¼ tassi sojakastet
- ¼ tassi ananassimahla
- 2 supilusikatäit mett
- 2 spl riisiäädikat
- 1 spl seesamiõli
- 2 küüslauguküünt, hakitud
- 1 tl riivitud ingverit
- Kaunistuseks ananassiviilud
- Kaunistuseks hakitud roheline sibul

JUHISED:

a) Sega kausis kokku sojakaste, ananassimahl, mesi, riisiäädikas, seesamiõli, hakitud küüslauk ja riivitud ingver.

b) Aseta kanakintsud madalasse nõusse ja kalla peale marinaad. Veenduge, et kana oleks ühtlaselt kaetud.

c) Kata roog kaanega ja pane külmkappi vähemalt 1 tunniks või intensiivsema maitse saavutamiseks üle öö.

d) Eelkuumuta grill või grillpann keskmisel-kõrgel kuumusel.

e) Eemaldage kanakintsud marinaadist, raputage üleliigne.

f) Grilli kana umbes 5-6 minutit mõlemalt poolt või kuni see on läbiküpsenud ja kenasti söestunud.

g) Määri kana grillimise ajal ülejäänud marinaadiga.

h) Pärast küpsetamist tõsta kana serveerimistaldrikule ja lase paar minutit puhata.

i) Kaunista ananassiviilude ja hakitud rohelise sibulaga.

j) Serveerige Hawaii teriyaki kana troopikast inspireeritud pearoana.

k) Nautige õrna ja maitsvat kana magusa ja vürtsika teriyaki glasuuriga!

45.Kookos-laimi krevettide karri

KOOSTISOSAD:
- 1 kilo krevette, kooritud ja tükeldatud
- 1 purk (13,5 untsi) kookospiima
- 2 laimi mahl ja koor
- 2 spl Tai rohelist karripastat
- 1 spl kalakastet
- 1 spl pruuni suhkrut
- 1 punane paprika, viilutatud
- 1 suvikõrvits, viilutatud
- 1 tass kipsherneid
- 1 spl taimeõli
- Kaunistuseks värske koriander
- Serveerimiseks keedetud riis

JUHISED:
a) Kuumuta taimeõli suurel pannil või wokis keskmisel kuumusel.
b) Lisa pannile Tai roheline karripasta ja küpseta 1 minut, kuni see lõhnab.
c) Valage kookospiim ja segage hästi, et see seguneks karripastaga.
d) Lisa kalakaste, pruun suhkur, laimimahl ja laimikoor. Segage kuni lahustumiseni.
e) Lisa pannile viilutatud punane paprika, suvikõrvits ja herned. Segage, et köögiviljad kataks karrikastmega.
f) Hauta 5-6 minutit, kuni köögiviljad on pehmed.
g) Lisa krevetid pannile ja küpseta veel 3-4 minutit, kuni krevetid on roosad ja läbi küpsenud.
h) Tõsta tulelt ja kaunista värske koriandriga.
i) Serveeri kookos-laimi-krevettide karrit keedetud riisiga, et saada maitsev ja aromaatne troopiline eine.
j) Naudi kreemjat kookose-karri kastet mahlakate krevettide ja krõbedate köögiviljadega!

46. Jamaica karrikits

KOOSTISOSAD:
- 2 naela kitseliha, lõigatud kuubikuteks
- 2 spl Jamaica karripulbrit
- 1 sibul, hakitud
- 3 küüslauguküünt, hakitud
- 1 scotch paprika, seemned eemaldatud ja hakitud
- 1 spl taimeõli
- 2 tassi kookospiima
- 2 tassi vett
- 2 oksa värsket tüümiani
- Sool ja pipar maitse järgi
- Serveerimiseks keedetud riis või roti

JUHISED:
a) Maitsesta kitseliha kausis Jamaica karripulbri, soola ja pipraga. Viska, et liha oleks ühtlaselt kaetud.
b) Kuumutage taimeõli suures potis või Hollandi ahjus keskmisel kuumusel.
c) Lisa potti maitsestatud kitseliha ja pruunista see igast küljest. Eemaldage liha potist ja asetage see kõrvale.
d) Lisa samasse potti hakitud sibul, hakitud küüslauk ja hakitud scotch bonnet pipar (kui kasutad). Prae 2-3 minutit, kuni sibul on läbipaistev ja lõhnav.
e) Pange pruunistatud kitseliha tagasi potti ja segage, et see seguneks sibula ja küüslauguga.
f) Vala sisse kookospiim ja vesi. Segage hästi, et vedelikud seguneksid.
g) Lisa potti värsked tüümianioksad ja lase segul keema tõusta.
h) Alanda kuumust, kata pott kaanega ja lase podiseda umbes 2-3 tundi või kuni kitseliha on pehme ja maitsev. Sega aeg-ajalt, et vältida kleepumist.
i) Maitsesta maitse järgi soola ja pipraga.
j) Serveeri Jamaica karrikitse keedetud riisiga või koos rotiga, et saada autentne ja rammus troopiline pearoog.
k) Nautige karriga kaetud kitseliha rikkalikke ja aromaatseid maitseid!

47.Kariibi mere stiilis kalatacod

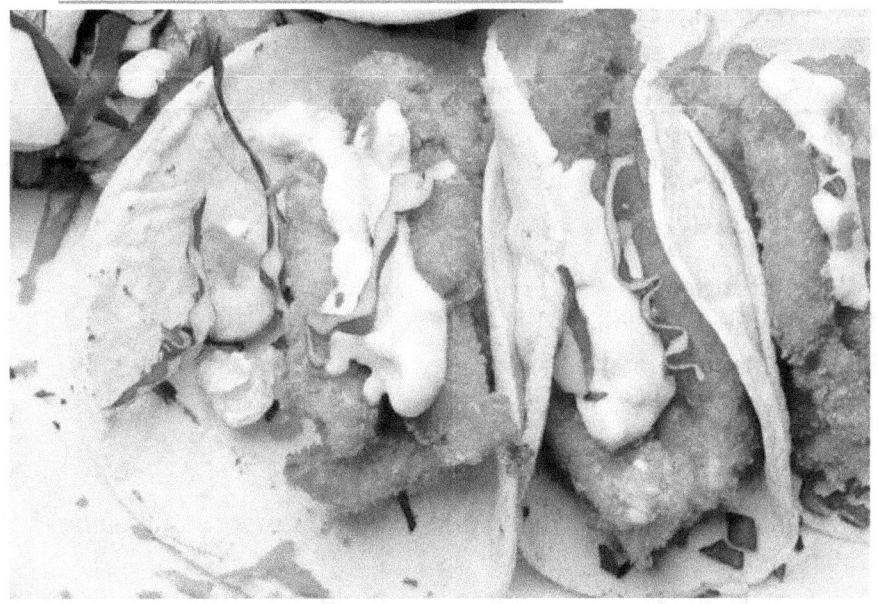

KOOSTISOSAD:
- 1 nael valget kalafileed (nt tursk või tilaapia)
- ¼ tassi universaalset jahu
- 1 supilusikatäis Kariibi mere jerk maitseainet
- ½ tl soola
- ¼ tl musta pipart
- 2 spl taimeõli
- 8 väikest tortillat
- Rebitud salat
- Viilutatud avokaado
- Tükeldatud värske koriander
- Serveerimiseks laimiviilud

JUHISED:

a) Sega madalas tassis kokku jahu, Kariibi mere maitseaine, sool ja must pipar.
b) Suru kalafileed jahusegusse, raputades maha kõik üleliigsed.
c) Kuumutage taimeõli suurel pannil keskmisel kuumusel.
d) Lisa pannile kaetud kalafileed ja küpseta umbes 3-4 minutit mõlemalt poolt või kuni kala on küps ja kuldpruun.
e) Eemaldage kala pannilt ja laske paar minutit puhata.
f) Soojendage tortillasid kuival pannil või mikrolaineahjus.
g) Helvestage keedetud kala ja jagage see tortillade vahel.
h) Lisa kalale hakitud salat, viilutatud avokaado ja hakitud värske koriander.
i) Pigista lisanditele peale värsket laimimahla.
j) Serveerige Kariibi mere stiilis kalatacosid troopilise ja maitsva pearoana.
k) Nautige krõbedat ja maitsestatud kala värskete ja särtsakate lisanditega!

48.Mango glasuuritud lõhe

KOOSTISOSAD:
- 4 lõhefileed
- 1 küps mango, kooritud, kivideta ja püreestatud
- 2 spl sojakastet
- 2 supilusikatäit mett
- 2 spl laimimahla
- 2 küüslauguküünt, hakitud
- 1 tl riivitud ingverit
- Sool ja pipar maitse järgi
- Kaunistuseks hakitud värsket koriandrit

JUHISED:
a) Kuumuta ahi temperatuurini 375 °F (190 °C).
b) Sega kausis kokku mangopüree, sojakaste, mesi, laimimahl, hakitud küüslauk, riivitud ingver, sool ja pipar.
c) Aseta lõhefileed ahjuvormi ja vala peale mangoglasuur. Veenduge, et lõhe oleks ühtlaselt kaetud.
d) Küpseta eelkuumutatud ahjus umbes 12-15 minutit või kuni lõhe on läbi küpsenud ja kahvliga kergesti helbed.
e) Määri lõhe küpsetamise ajal üks-kaks korda glasuuriga.
f) Kui lõhe on küpsetatud, eemaldage see ahjust ja laske sellel paar minutit puhata.
g) Kaunista hakitud värske koriandriga.
h) Serveeri mangoga glasuuritud lõhet troopilise ja maitseka pearoana.
i) Nautige mahlast ja magusat lõhet koos terava ja puuviljase mangoglasuuriga!

49. Kariibi mere köögiviljakarri

KOOSTISOSAD:
- 1 spl taimeõli
- 1 sibul, hakitud
- 2 küüslauguküünt, hakitud
- 1 punane paprika, tükeldatud
- 1 kollane paprika, tükeldatud
- 1 suvikõrvits, tükeldatud
- 1 maguskartul, kooritud ja kuubikuteks lõigatud
- 1 tass lillkapsa õisikuid
- 1 purk (14 untsi) kookospiima
- 2 spl Kariibi karripulbrit
- 1 tl jahvatatud köömneid
- 1 tl jahvatatud koriandrit
- ¼ tl Cayenne'i pipart (maitse järgi)
- Sool ja pipar maitse järgi
- Kaunistuseks hakitud värsket koriandrit
- Serveerimiseks keedetud riis või roti

JUHISED:

a) Kuumuta taimeõli suurel pannil või potis keskmisel kuumusel.

b) Lisa hakitud sibul ja hakitud küüslauk ning prae 2–3 minutit, kuni need on pehmed ja lõhnavad.

c) Lisa pannile kuubikuteks lõigatud punane ja kollane paprika, kuubikuteks lõigatud suvikõrvits, tükeldatud bataat ja lillkapsa õisikud. Sega, et köögiviljad oleks õliga kaetud.

d) Küpseta 5-6 minutit, kuni köögiviljad hakkavad pehmenema.

e) Sega väikeses kausis kokku Kariibi mere karripulber, jahvatatud köömned, jahvatatud koriander, Cayenne'i pipar, sool ja pipar.

f) Piserdage vürtsisegu pannil olevatele köögiviljadele ja segage hästi, et see kataks.

g) Valage kookospiim ja segage, et see seguneks vürtside ja köögiviljadega.

h) Kuumuta segu keema ja kata pann kaanega. Lase küpseda umbes 15-20 minutit või kuni köögiviljad on pehmed ja maitsed kokku sulanud.

i) Vajadusel reguleeri maitsestamist.

j) Kaunista hakitud värske koriandriga.

k) Serveeri Kariibi mere köögiviljakarrit keedetud riisiga või koos rotiga, et saada toekas ja maitsev troopiline pearoog.

l) Nautige karriga kaetud köögiviljade elavat ja aromaatset maitset!

50.Jerk Chicken mango salsaga

KOOSTISOSAD:
- 4 kondita, nahata kanarinda
- 2 spl Jamaica jerk maitseainet
- 2 spl taimeõli
- Sool ja pipar maitse järgi

MANGO SALSA:
- 1 küps mango, kooritud, kivideta ja kuubikuteks lõigatud
- ½ punast sibulat, peeneks hakitud
- ½ punast paprikat, peeneks hakitud
- ½ jalapeno pipart, seemned ja ribid eemaldatud, peeneks hakitud
- 1 laimi mahl
- 2 supilusikatäit hakitud värsket koriandrit
- Soola maitse järgi

JUHISED:
a) Kuumuta grill või grillpann keskmisele-kõrgele kuumusele.
b) Hõõruge kanarinda Jamaica jerk-maitseaine, taimeõli, soola ja pipraga.
c) Grilli kana umbes 6-8 minutit mõlemalt poolt või kuni see on läbiküpsenud ja kenasti söestunud. Sisetemperatuur peaks jõudma 74 °C (165 °F).
d) Tõsta kana grillilt ja lase paar minutit puhata.
e) Vahepeal valmistage mangosalsa, segades kausis tükeldatud mango, peeneks hakitud punane sibul, peeneks hakitud punane paprika, peeneks hakitud jalapeno pipar, laimimahl, hakitud värske koriander ja sool. Kombineerimiseks segage hästi.
f) Viiluta grillitud jerk-kana ja serveeri koos rikkaliku lusikatäie mangosalsaga.
g) Serveeri jerk-kana mangosalsaga troopilise ja vürtsika pearoana.
h) Nautige julget ja maitsvat jerk-maitseainet koos värskendava ja puuviljase mangosalsaga!

51. Hawaii BBQ searibid

KOOSTISOSAD:
- 2 resti seariibi
- 1 tass ananassimahla
- ½ tassi ketšupit
- ¼ tassi sojakastet
- ¼ tassi pruuni suhkrut
- 2 spl riisiäädikat
- 2 küüslauguküünt, hakitud
- 1 tl riivitud ingverit
- Sool ja pipar maitse järgi

JUHISED:
a) Kuumuta ahi temperatuurini 325 °F (163 °C).
b) Vahusta kausis ananassimahl, ketšup, sojakaste, pruun suhkur, riisiäädikas, hakitud küüslauk, riivitud ingver, sool ja pipar.
c) Asetage searibide restid suurde ahjuvormi või praepannile.
d) Valage marinaad ribidele, veendudes, et need on igast küljest kaetud. Jäta veidi marinaad pesimiseks.
e) Kata vorm alumiiniumfooliumiga ja aseta eelsoojendatud ahju.
f) Küpseta ribisid umbes 2 tundi või kuni need on pehmed ja liha hakkab kontide küljest lahti tõmbuma.
g) Eemalda foolium ja määri ribid reserveeritud marinaadiga.
h) Tõstke ahju temperatuur 200 °C-ni ja pange ribid ilma kaaneta tagasi ahju.
i) Küpseta veel 15-20 minutit või kuni ribid on kenasti karamelliseerunud ja kaste paksenenud.
j) Võta ahjust välja ja lase ribidel enne serveerimist paar minutit puhata.
k) Serveerige Hawaii BBQ seariibi troopilise ja mahlase pearoana.
l) Nautige õrnaid ja maitsekaid ribisid koos magusa ja vürtsika BBQ-glasuuriga!

52.Kariibi grillitud praad ananassisalsaga

KOOSTISOSAD:
- 2 naela küljepraad
- 2 supilusikatäit Kariibi mere maitseainet
- 2 spl taimeõli
- Sool ja pipar maitse järgi

ANASSI SALSA:
- 1 tass kuubikuteks lõigatud ananassi
- ½ punast sibulat, peeneks hakitud
- ½ punast paprikat, peeneks hakitud
- ½ jalapeno pipart, seemned ja ribid eemaldatud, peeneks hakitud
- 1 laimi mahl
- 2 supilusikatäit hakitud värsket koriandrit
- Soola maitse järgi

JUHISED:
a) Kuumuta grill või grillpann keskmisele-kõrgele kuumusele.
b) Hõõruge küljepraad Kariibi mere maitseaine, taimeõli, soola ja pipraga.
c) Grilli steiki umbes 4-6 minutit mõlemalt poolt või kuni see saavutab soovitud küpsusastme. Laske enne viilutamist paar minutit puhata.
d) Vahepeal valmistage ananassisalsa, segades kausis kuubikuteks lõigatud ananassi, peeneks hakitud punase sibula, peeneks hakitud punase paprika, peeneks hakitud jalapeno pipra, laimimahla, hakitud värske koriandri ja soola. Kombineerimiseks sega hästi läbi.
e) Viiluta grillitud praad tera vastu ja serveeri rikkaliku lusikatäie ananassisalsaga.
f) Serveeri Kariibi mere grillitud praad ananassisalsaga troopilise ja maitseka pearoana.

TROOPILISED MAGUSTOOTED

53. Troopiliste puuviljade pavlova

KOOSTISOSAD:
- 4 suurt toatemperatuuril munavalget
- 1 Näputäis soola
- 225 grammi tuhksuhkrut
- 2 tl maisijahu
- 1 näputäis hambakivi
- 1 tl valge veini äädikat
- 4 tilka vaniljeekstrakti
- 2 Passion fruit
- Küpsed troopilised puuviljad, näiteks mango; kiivi, tähtpuuvili ja neeme karusmarjad
- 150 milliliitrit Topeltkoor
- 200 milliliitrit creme fraiche

JUHISED :
a) Kuumuta ahi temperatuurini 150c/300f/gaas 2.
b) Vooderda küpsetusplaat mittenakkuva küpsetuspaberiga ja joonista sellele 22 cm/9-tolline ring. Besee jaoks: Vahusta suures puhtas kausis munavalged ja sool, kuni moodustuvad jäigad tipud.
c) Vahusta suhkur kolmandiku kaupa, iga lisamise vahel korralikult vahustades, kuni see on jäik ja väga läikiv. Puista peale maisijahu, tartarikoor, äädikas ja vaniljeekstrakt ning sega ettevaatlikult sisse.
d) Kuhjake besee ringi sees olevale paberile, veendudes, et keskel on märkimisväärne lohk.
e) Aseta ahju ja alanda kuumust kohe 120c/250f/gaas ¼-ni ning küpseta 1½-2 tundi, kuni see on kahvatupruun, kuid keskelt veidi pehme. Lülitage ahi välja, jätke uks veidi praokile ja laske täielikult jahtuda.
f) Täidise jaoks: poolita kannatusvili ja eemalda viljaliha. Vajadusel koorige ja viilutage valitud puuviljad.
g) Pane koor kaussi ja vahusta tihkeks ning sega seejärel creme fraiche sisse. Koori pavlovalt paber ja aseta taldrikule.
h) Kuhja peale kooresegu ja laota peale viljad, viimistledes passionivilja viljalihaga. Serveeri korraga.

54.Troopiline Margarita sorbett

KOOSTISOSAD:
- 1 tass suhkrut
- 1 tass passioniviljapüreed
- 1½ naela küpset mangot, kooritud, kivideta ja kuubikuteks lõigatud
- 2 laimi riivitud koor
- 2 spl Blanco (valget) tequilat
- 1 spl apelsinilikööri
- 1 spl heledat maisisiirupit
- ½ tl koššersoola

JUHISED:
a) Sega väikeses potis suhkur ja passioniviljapüree.
b) Keeda keskmisel kuumusel, segades lahustumiseks
c) suhkur. Tõsta pliidilt ja lase jahtuda.
d) Sega segistis passioniviljasegu, kuubikuteks lõigatud mango, laimikoor, tequila, apelsiniliköör, maisisiirup ja sool. Püreesta ühtlaseks.
e) Valage segu kaussi, katke ja hoidke külmkapis, kuni see on külm, vähemalt 4 tundi või kuni üleöö.
f) Külmuta ja klopi jäätisemasinas vastavalt tootja juhistele.
g) Pehme konsistentsi saamiseks (minu arvates parim) serveeri sorbett kohe; tihkema konsistentsi saamiseks viige see anumasse, katke kinni ja laske 2–3 tundi sügavkülmas taheneda.

55.Kookose ja ananassi troopiline gelato

KOOSTISOSAD:
- 1 muna
- 50 grammi suhkrut
- 250 ml kookospiima
- 200 ml Raske koor
- ½ tervest ananassist Värske ananass
- 1 rumm

JUHISED:
a) Kasutage oma suurimat kaussi, kuna segate kõik koostisosad samasse kaussi, mida kasutate koore vahustamiseks.
b) Eralda munakollane ja valge. Valmista munavalgest ja poolest suhkrust kõva besee. Sega teine pool suhkrust munakollasega ja sega valgeks.
c) Vahusta rõõsk koor, kuni moodustuvad kergelt pehmed tipud. Lisa kookospiim ja sega kergelt läbi.
d) Kas haki ananass peeneks või püreesta blenderiga kergelt jämedaks pastaks.
e) Ettevalmistus on selleks hetkeks lõppenud. Pole vaja olla liiga täpne. Sega kõik paksu koore ja kookospiima kaussi. Lisa ka besee ja sega korralikult läbi.
f) Vala Tupperware karpi ja külmuta lõpuni. Te ei pea seda poole peal segama.
g) Kui hakkida ananass ühtlaseks pastaks, jääb tulemus siidisem ja rohkem autentse gelato moodi.
h) Kui olete želato serveerimisnõudesse kogunud, proovige valada peale väike tilk rummi. See maitseb hämmastavalt, täpselt nagu piña colada kokteil.

56.Troopiline pisiasi

KOOSTISOSAD:
- Kolm 12 untsi purki aurutatud piima
- 4 tassi täispiima
- 1 tass pluss 2 spl suhkrut
- 6 Kergelt lahtiklopitud munakollased
- 2 spl Magusat šerrit või dessertveini
- 1 tl vanilli
- 1 tass viilutatud maasikaid
- 12 viilu Päevavana naelakook või 24
- Ladyfinger ehk 36 makrooni
- 3 mangot, kooritud ja viilutatud
- 5 kiivi, kooritud ja viilutatud
- 1 tass poolitatud seemneteta punaseid viinamarju

JUHISED:
a) Kuumuta piim kastrulis madalal kuumusel.
b) Lisage aeglaselt vahustades 1 tass suhkrut ja munakollased, et munad ei läheks tükkideks.
c) Jätkake pidevalt segades küpsetamist, kuni segu muutub väga paksuks.
d) Ärge laske sellel keema tõusta, vastasel juhul see kalgendub. Lisa šerri ja vanill.
e) Eemaldage kuumusest ja jahutage. Sega marjad 2 sl suhkruga ja tõsta kõrvale.
f) Vooderda tühiasi tordiviiludega.
g) Vala pool jahtunud kreemist koogile, seejärel lisa pool puuviljadest, sealhulgas marjad.
h) Lisa veel üks kiht kooki ja kata peale ülejäänud vanillikaste, seejärel puuviljad.
i) Tõsta serveerimiseni külmkappi. Soovi korral puista enne serveerimist trifle peale veel šerrit.

57. Troopiline valtsitud jäätis

KOOSTISOSAD:
- Rullitud vanillijäätis
- 1½ tassi sulatatud külmutatud mangotükke
- Kollane toiduvärv

TOPPING
- Kookosvahukoor, sulatatud
- Värske mango, tükeldatud
- Röstitud kookoslaastud

JUHISED:
a) Valmistage vaniljerulli jäätis vastavalt juhistele, välja arvatud segades koostisosad segistis 1–½ tassi sulatatud külmutatud mangotükkidega ja värvige kollase toiduvärviga.
b) Kata ja blenderda ühtlaseks.
c) Katke külmutatud rullid sulatatud kookosvahukoore, hakitud mango ja röstitud kookoslaastudega.

58.Troopiliste puuviljade vaht

KOOSTISOSAD:
- 1 tass magustamata ananassimahla
- 1 tass värsket mahemarjamahla
- 1 tass magustamata vahukoort

JUHISED:
a) Kuumuta kõrgel kuumusel.
b) Alanda kuumust keskmisele ja hauta pidevalt segades 5 minutit, kuni segu pakseneb.
c) Eemaldage tulelt ja jahutage täielikult.
d) Sega vahukoor jahtunud mahlasegu hulka.
e) Valage lusikaga 6 serveerimisnõusse ja jahutage külmkapis.

59. Troopiliste puuviljade šerbett

KOOSTISOSAD:
- 2 tassi kooritud ja tükeldatud küpseid troopilisi puuvilju
- 1 tass suhkrusiirupit
- 2 laimi
- 1 tass täispiima või petipiima

JUHISED:

a) Püreesta või blenderda troopilised puuviljad, seejärel suru läbi peene sõela, kui sulle meeldib ühtlane tekstuur.

b) Klopi sisse suhkrusiirup, 1 laimi peeneks riivitud koor ja mõlema mahl ning piim.

c) Valage sügavkülmikusse ja külmutage käsitsi segamise meetodil, külmutamise ajal kaks või kolm korda purustades.

d) Külmutage kuni tahkeks, seejärel kühveldage poolitatud väikeste ananassikoore või serveerimisnõu sisse ja puistake peale värskelt riivitud muskaatpähklit.

e) Serveeri väikeste troopiliste puuviljadega, nagu litši, viinamarjad või röstitud värske kookospähkli tükk.

f) Seda jäätist võib külmutada kuni 1 kuu.

g) Võta 10 minutit enne serveerimist sügavkülmast välja, et see pehmeneks.

60.Mango kookose Chia popsicles

KOOSTISOSAD:
- 2 küpset mangot, kooritud ja kivideta
- 1 tass kookospiima
- 2 spl mett või vahtrasiirupit
- 2 spl chia seemneid

JUHISED:
a) Sega segistis küpsed mangod, kookospiim ja mesi või vahtrasiirup.
b) Blenderda ühtlaseks ja kreemjaks.
c) Sega hulka chia seemned ja lase segul 5 minutit seista, et chia seemned pakseneksid.
d) Vala mango-kookose-chia segu popsivormidesse.
e) Sisestage popsipulgad ja külmutage vähemalt 4 tundi või kuni see on täielikult külmunud.
f) Kui olete külmunud, eemaldage popsiklid vormidest ja nautige kuumal päeval troopilist mango-kookose chia popsi!

61.Mango kookospähkli Panna Cotta

KOOSTISOSAD:
- 1 tass mangopüreed
- 1 tass kookospiima
- ¼ tassi suhkrut
- 1 tl vaniljeekstrakti
- 2 tl želatiinipulbrit
- 2 spl vett

JUHISED:

a) Piserdage väikeses kausis želatiin veega ja laske sellel 5 minutit õitseda.

b) Kuumuta potis mangopüreed, kookospiim, suhkur ja vaniljeekstrakt keskmisel kuumusel, kuni see hakkab podisema.

c) Tõsta tulelt ja klopi sisse õitsenud želatiin, kuni see on täielikult lahustunud.

d) Vala segu üksikutesse serveerimisklaasidesse või ramekiinidesse.

e) Hoia külmkapis vähemalt 4 tundi või kuni taheneb.

f) Serveeri jahtunult ja kaunista värskete mangoviilude või rebitud kookospähkliga.

62. Piña Colada koogikesi

KOOSTISOSAD:
- 1 ½ tassi universaalset jahu
- 1 ½ teelusikatäit küpsetuspulbrit
- ¼ teelusikatäit soola
- ½ tassi soolamata võid, pehmendatud
- 1 tass granuleeritud suhkrut
- 2 suurt muna
- 1 tl vaniljeekstrakti
- ½ tassi konserveeritud ananassimahla
- ¼ tassi kookospiima
- ¼ tassi hakitud kookospähklit

JUHISED:
a) Kuumuta ahi temperatuurini 350 °F (175 °C) ja vooderda muffinivorm koogikattega.
b) Vahusta kausis jahu, küpsetuspulber ja sool.
c) Vahusta eraldi suures kausis või ja suhkur heledaks ja kohevaks vahuks.
d) Klopi ükshaaval sisse munad, seejärel vaniljeekstrakt.
e) Lisa kuivained järk-järgult märgadele ainetele vaheldumisi ananassimahla ja kookospiimaga.
f) Murra sisse riivitud kookospähkel.
g) Jaga taigen ühtlaselt koogivoodri vahel.
h) Küpseta 18-20 minutit või kuni keskele torgatud hambaork tuleb puhtana välja.
i) Eemaldage ahjust ja laske koogikestel täielikult jahtuda.
j) Määri kookosvõikreemiga glasuuriga ja kaunista ananassitükkide ja hakitud kookospähkliga.

63. Passion Fruit Mousse

KOOSTISOSAD:
- 1 tass kannatusvilja viljaliha (seemnete eemaldamiseks kurnatud)
- 1 tass rasket koort
- ½ tassi magustatud kondenspiima
- ½ tl vaniljeekstrakti
- Värsked kannatusvilja seemned kaunistuseks (valikuline)

JUHISED:
a) Vahusta vahukoor segamisnõus, kuni moodustuvad pehmed tipud.
b) Sega eraldi kausis passionivilja viljaliha, magustatud kondenspiim ja vaniljeekstrakt. Sega hästi.
c) Sega vahukoor õrnalt passionivilja segusse, kuni see on hästi segunenud.
d) Vala segu serveerimisklaasidesse või ramekiinidesse.
e) Hoia külmkapis vähemalt 2 tundi või kuni taheneb.
f) Enne serveerimist kaunista soovi korral värskete kannatusviljade seemnetega.
g) Nautige passioniviljavahu kergeid ja troopilisi maitseid.

64. Mango kleepuv riis

KOOSTISOSAD:
- 1 tass kleepuvat riisi (kleepuv riis)
- 1 tass kookospiima
- ½ tassi granuleeritud suhkrut
- ¼ teelusikatäit soola
- 2 küpset mangot, viilutatud
- Röstitud seesamiseemned kaunistuseks (valikuline)

JUHISED:

a) Loputage kleepuvat riisi külma vee all, kuni vesi muutub selgeks.

b) Sega kastrulis loputatud riis, kookospiim, suhkur ja sool.

c) Keeda segu keskmisel-madalal kuumusel, sageli segades, kuni riis imab vedeliku ning muutub kleepuvaks ja pehmeks (umbes 20-25 minutit).

d) Eemaldage kuumusest ja laske veidi jahtuda.

e) Serveerige mango kleepuvat riisi, asetades taldrikule või kaussi kleepuva riisi künka ja asetades sellele viilutatud mangod.

f) Piserdage röstitud seesamiseemnetega, et saada krõmpsuv ja pähkline maitse.

65.Guajaav juustukook

KOOSTISOSAD:
KOORIKU KOHTA:
- 1 ½ tassi grahami kreekeripuru
- 1/4 tassi sulatatud võid
- 2 supilusikatäit granuleeritud suhkrut

TÄIDISEKS:
- 24 untsi (680 g) toorjuustu, pehmendatud
- 1 tass granuleeritud suhkrut
- 3 suurt muna
- 1 tl vaniljeekstrakti
- 1 tass guajaavipastat, sulatatud ja jahutatud

GUAAVA KATTEKS:
- 1 tass guajaaviapüreed või guajaavimahla
- 1/4 tassi granuleeritud suhkrut
- 1 spl maisitärklist
- 1 spl vett

JUHISED:
a) Kuumuta ahi temperatuurini 325 ° F (163 ° C). Määri 9-tolline (23 cm) vedruvorm rasvaga ja tõsta kõrvale.
b) Sega keskmises kausis koore jaoks Grahami kreekeripuru, sulatatud või ja granuleeritud suhkur. Sega hästi, kuni segu meenutab märga liiva.
c) Suru purusegu ühtlaselt ettevalmistatud vedruvormi põhjale. Kasutage lusika tagakülge või lamedapõhjalist klaasi, et see tugevalt alla suruda.
d) Vahusta suures segamiskausis toorjuust ja granuleeritud suhkur ühtlaseks ja kreemjaks vahuks. Lisa ükshaaval munad, pärast iga lisamist korralikult vahustades. Sega juurde vanilliekstrakt.
e) Vala sulanud ja jahtunud guajaavpasta toorjuustusegusse ja klopi ühtlaseks. Veenduge, et pole tükke.
f) Vala juustukoogi täidis vedruvormi pannil olevale koorikule. Silu spaatliga pealt üle.
g) Asetage vedruvorm küpsetusplaadile, et püüda kinni kõik võimalikud lekked küpsetamise ajal. Küpseta eelsoojendatud ahjus umbes 55-60 minutit või kuni servad on koorunud ja keskosa kergelt tõmbunud.
h) Eemaldage juustukook ahjust ja laske sellel jahtuda toatemperatuurini. Seejärel asetage see külmkappi vähemalt 4 tunniks või üleöö, et see täielikult tahkuks.
i) Kuni juustukook jahtub, valmista guajaavikate. Segage kastrulis guajaavpüree või guajaavimahl, granuleeritud suhkur, maisitärklis ja vesi. Sega hästi, et maisitärklis lahustuks.
j) Asetage kastrul keskmisele kuumusele ja keetke pidevalt segades, kuni segu pakseneb ja kergelt keeb. Eemaldage kuumusest ja laske jahtuda.
k) Kui juustukook on täielikult jahtunud ja tahenenud, eemaldage see vedruvormist. Valage guajaavikate juustukoogile, jaotage see ühtlaselt.
l) Pange juustukook umbes 1 tunniks külmkappi tagasi, et guajaav kate hanguks.

66.Ananassi tagurpidi kook

KOOSTISOSAD:
KATTEKS:
- ¼ tassi soolamata võid
- ⅔ tassi pakitud fariinsuhkrut
- 1 purk (20 untsi) ananassiviilud, nõrutatud
- Kaunistuseks maraschino kirsid

TOOGI JAOKS:
- 1 ½ tassi universaalset jahu
- 2 tl küpsetuspulbrit
- ½ tl soola
- ½ tassi soolamata võid, pehmendatud
- 1 tass granuleeritud suhkrut
- 2 suurt muna
- 1 tl vaniljeekstrakti
- ½ tassi ananassimahla

JUHISED:
a) Kuumuta ahi temperatuurini 350 °F (175 °C) ja määri 9-tolline ümmargune koogivorm.
b) Sulata kastrulis keskmisel kuumusel katteks mõeldud või.
c) Segage pruuni suhkrut, kuni see on lahustunud ja mullitav.
d) Vala segu võiga määritud koogivormi, aja ühtlaselt laiali.
e) Laota ananassiviilud pruuni suhkru segu peale. Asetage maraschino kirss iga ananassi viilu keskele.
f) Vahusta kausis koogi jaoks jahu, küpsetuspulber ja sool.
g) Vahusta eraldi suures kausis või ja suhkur heledaks ja kohevaks vahuks.
h) Klopi ükshaaval sisse munad, seejärel vaniljeekstrakt.
i) Lisa kuivained järk-järgult märgadele ainetele vaheldumisi ananassimahlaga.
j) Vala tainas koogivormi ananassiviiludele.
k) Küpseta 40–45 minutit või kuni keskele torgatud hambaork tuleb puhtana välja.
l) Võta ahjust välja ja lase koogil 10 minutit vormis jahtuda.
m) Pöörake kook serveerimistaldrikule, eemaldades panni ettevaatlikult.
n) Serveeri ananassi tagurpidi kooki soojalt või toatemperatuuril, karamellitud ananassikattega.

67.Kookose makroonid

KOOSTISOSAD:
- 2 ⅔ tassi hakitud kookospähklit
- ⅔ tassi magustatud kondenspiima
- 1 tl vaniljeekstrakti

JUHISED:
a) Kuumuta ahi temperatuurini 325 °F (163 °C) ja vooderda küpsetusplaat küpsetuspaberiga.
b) Sega kausis kokku riivitud kookospähkel, magustatud kondenspiim ja vaniljeekstrakt. Sega hästi, kuni see on täielikult segunenud.
c) Kasutades supilusikatäit või küpsiselussi, tilgutage kookospähklisegu ümarad künkad ettevalmistatud küpsetusplaadile, asetades need üksteisest umbes 2 tolli kaugusele.
d) Küpseta 15-18 minutit või kuni servad on kuldpruunid.
e) Võta ahjust välja ja lase makroonidel paar minutit ahjuplaadil jahtuda.
f) Tõsta makroonid restile täielikult jahtuma.
g) Valikuline: Magususe ja maitse lisamiseks nirista jahtunud makroonidele sulatatud šokolaadi.
h) Serveeri kookospähkli makroone meeldiva ja nätske troopilise magustoiduna.

68. Ananassi kookosejäätis

KOOSTISOSAD:
- 2 tassi konserveeritud kookospiima
- 1 tass purustatud ananassi, nõrutatud
- ½ tassi granuleeritud suhkrut
- 1 tl vaniljeekstrakti

JUHISED:
a) Sega blenderis või köögikombainis kokku kookospiim, purustatud ananass, suhkur ja vaniljeekstrakt. Blenderda ühtlaseks ja hästi segunevaks.
b) Vala segu jäätisemasinasse ja klopi vastavalt tootja juhistele.
c) Kui jäätis on saavutanud pehme serveerimiskonsistentsi, viige see kaanega anumasse.
d) Külmutage jäätis mõneks tunniks või kuni see on tahke.
e) Serveeri ananassi kookosjäätist kaussides või torbikutes ja naudi troopilisi maitseid.

69. Kookose riisipuding

KOOSTISOSAD:
- 1 tass jasmiini riisi
- 2 tassi vett
- 2 tassi kookospiima
- ½ tassi granuleeritud suhkrut
- ½ tl soola
- ½ tl vaniljeekstrakti
- Röstitud kookoshelbed kaunistuseks (valikuline)

JUHISED:
a) Sega potis jasmiiniriis ja vesi. Lase keema tõusta, seejärel alanda kuumust, kata kaanega ja hauta umbes 15 minutit või kuni riis on keedetud ja vesi imendunud.

b) Lisage keedetud riisile kookospiim, granuleeritud suhkur, sool ja vaniljeekstrakt. Sega hästi kokku.

c) Keeda segu keskmisel-madalal kuumusel aeg-ajalt segades 15-20 minutit või kuni riis imab kookospiima ja puding pakseneb.

d) Eemaldage kuumusest ja laske veidi jahtuda.

e) Serveeri kookoseriisipuding soojalt või jahutatult.

f) Tekstuuri ja maitse lisamiseks kaunista röstitud kookoshelvestega.

70.Mango kookospähkli tort

KOOSTISOSAD:
KOORIKU KOHTA:
- 1 ½ tassi grahami kreekeripuru
- ¼ tassi granuleeritud suhkrut
- ½ tassi soolata võid, sulatatud

TÄIDISEKS:
- 2 tassi küpseid mangotükke
- 1 tass kookospiima
- ½ tassi granuleeritud suhkrut
- ¼ tassi maisitärklist
- ¼ teelusikatäit soola
- ½ tassi hakitud kookospähklit
- Viilutatud mangod kaunistamiseks (valikuline)

JUHISED:

a) Kuumuta ahi temperatuurini 350 °F (175 °C) ja määri 9-tolline koogipann.
b) Sega kausis kooriku jaoks Grahami kreekeripuru, granuleeritud suhkur ja sulatatud või. Sega hästi.
c) Suru kooresegu koogivormi põhja ja külgedele, moodustades ühtlase kihi.
d) Küpseta koorikut 10 minutit, seejärel eemalda ahjust ja lase jahtuda.
e) Blenderis või köögikombainis blenderda mangotükid ühtlaseks massiks.
f) Vahusta potis täidise jaoks kookospiim, granuleeritud suhkur, maisitärklis ja sool.
g) Keeda segu keskmisel kuumusel pidevalt segades, kuni see pakseneb ja keeb.
h) Tõsta tulelt ja sega juurde segatud mango ja riivitud kookospähkel.
i) Vala mango-kookosetäidis küpsenud koorikusse.
j) Silu spaatliga pealt üle.
k) Küpseta veel 15-20 minutit või kuni täidis on tahenenud ja servad on kuldsed.
l) Võta ahjust välja ja lase pannil täielikult jahtuda.
m) Kui see on jahtunud, asetage see külmikusse vähemalt 2 tunniks jahtuma ja tarduma.
n) Enne serveerimist kaunista soovi korral viilutatud mangodega.
o) Viiluta ja serveeri mango-kookosetort troopilise ja kreemja magustoiduna.

71.Papaia laimi sorbett

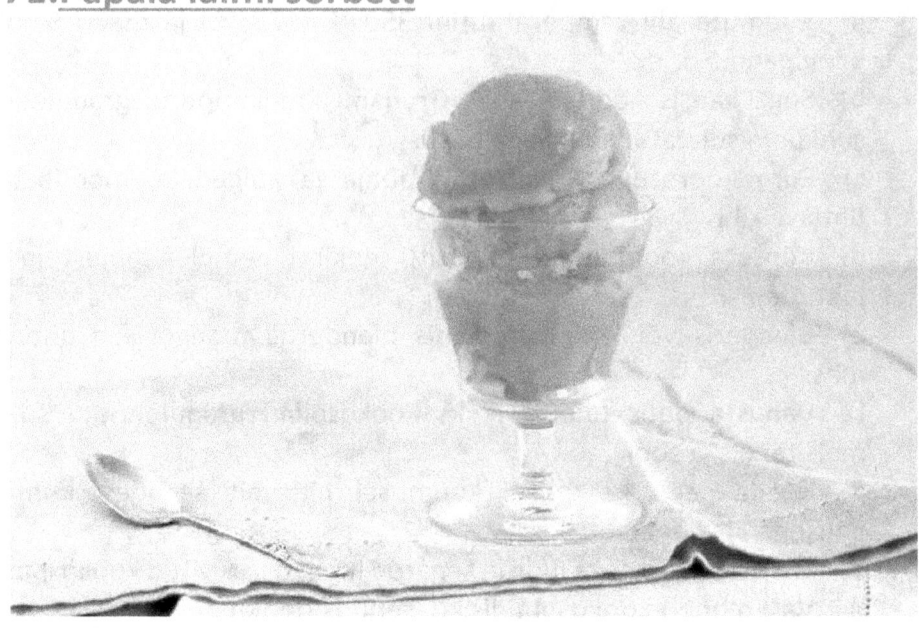

KOOSTISOSAD:
- 2 tassi küpseid papaia tükke
- ½ tassi granuleeritud suhkrut
- ¼ tassi vett
- 2 laimi mahl
- Laimikoor kaunistuseks (valikuline)

JUHISED:
a) Blenderis või köögikombainis sega papaia tükid ühtlaseks massiks.
b) Sega kastrulis granuleeritud suhkur ja vesi. Kuumuta keskmisel kuumusel, kuni suhkur on täielikult lahustunud, moodustades lihtsa siirupi.
c) Eemaldage tulelt ja laske lihtsal siirupil toatemperatuurini jahtuda.
d) Sega kausis segatud papaia ja laimimahl.
e) Segage lihtne siirup, kuni see on hästi segunenud.
f) Vala segu jäätisemasinasse ja klopi vastavalt tootja juhistele.
g) Tõsta sorbett kaanega anumasse ja pane mõneks tunniks või kuni tahkeks sügavkülma.
h) Serveeri papaia-laimi sorbetti kaussides või käbides.
i) Kaunista laimikoorega, et saada tsitruseliste maitset.

72.Kookose banaanipuding

KOOSTISOSAD:
- 3 suurt küpset banaani
- 1 purk (13,5 untsi) kookospiima
- ½ tassi granuleeritud suhkrut
- ¼ tassi maisitärklist
- ¼ teelusikatäit soola
- 1 tl vaniljeekstrakti
- ½ tassi hakitud kookospähklit kaunistamiseks (valikuline)

JUHISED:
a) Blenderis või köögikombainis blenderis küpsed banaanid ühtlaseks massiks.
b) Vahusta potis kookospiim, granuleeritud suhkur, maisitärklis ja sool.
c) Keeda segu keskmisel kuumusel pidevalt segades, kuni see pakseneb ja keeb.
d) Tõsta tulelt ja sega juurde segatud banaanid ja vaniljeekstrakt.
e) Vala kookose banaanipuding serveerimiskaussidesse või ramekiinidesse.
f) Hoia külmkapis vähemalt 2 tundi või kuni see on jahtunud ja tardunud.
g) Enne serveerimist kaunista soovi korral riivitud kookospähkliga.
h) Nautige kookospähkli banaanipudingi kreemjaid ja troopilisi maitseid.

73. Ananass Coconut Crumble

KOOSTISOSAD:
TÄIDISEKS:
- 4 tassi värskeid ananassi tükke
- ¼ tassi granuleeritud suhkrut
- 2 spl maisitärklist
- 1 spl värsket sidrunimahla

CRUMBLE KATTEKS:
- 1 tass universaalset jahu
- ½ tassi granuleeritud suhkrut
- ½ tassi soolata võid, sulatatud
- ½ tassi hakitud kookospähklit

JUHISED:
a) Kuumuta ahi temperatuurini 350 °F (175 °C) ja määri küpsetusvorm rasvaga.
b) Sega kausis täidise jaoks ananassitükid, granuleeritud suhkur, maisitärklis ja sidrunimahl. Sega hästi, kuni ananass on kaetud.
c) Vala ananassitäidis võiga määritud ahjuvormi.
d) Eraldi kausis segage purustamiseks universaalne jahu, granuleeritud suhkur, sulatatud või ja riivitud kookospähkel. Sega, kuni segu meenutab jämedat puru.
e) Puista purukate ühtlaselt ahjuvormi ananassitäidisele.
f) Küpseta 30-35 minutit või kuni kate on kuldpruun ja ananassitäidis kihisev.
g) Võta ahjust välja ja lase veidi jahtuda.
h) Mõnusa troopilise magustoidu saamiseks serveerige ananassi kookospähklipuru soojalt koos vanillijäätise või vahukoorega.

TROOPILISED JOOGID

74. Troopiline vesi

KOOSTISOSAD:
- 1 värske piparmündi või basiiliku oksake
- 1 mandariin, kooritud
- ½ mangot, kooritud ja kuubikuteks lõigatud
- Filtreeritud vesi

JUHISED:
a) Pange piparmünt, mandariin ja mango klaaskannu.
b) Täitke see filtreeritud veega.
c) Hauta 2 tundi külmikus.
d) Vala serveerimisklaasidesse.

75. Troopiline paradiis

KOOSTISOSAD:
- 1 kiivi, kooritud ja tükeldatud
- 1 vaniljekaun, piki poolitatud
- ½ mangot, tükeldatud

JUHISED:
a) Pange mango, kiivi ja vaniljekaun 64-untsi kannu.
b) Pane filtreeritud vette või kookosvette.
c) Enne serveerimist jahutage.

76.Troopiline jäätee

KOOSTISOSAD:
- 1 tass värsket apelsinimahla
- 1 tass ananassi
- ½ tassi agaavisiirupit
- 12 tassi keeva veega
- 12 teepakki
- 3 tassi sidrunisoodat

JUHISED:
a) Asetage keev vesi ja teekotid teekannu;
b) Laske sellel tõmmata.
c) Aseta külmkappi, kuni see on jahtunud.
d) Asetage ananassi- ja apelsinimahl segistisse.
e) Püreesta, kuni segu on ühtlane ja ühtlane.
f) Aseta ananassipüree kannu.
g) sega hulka agaavisiirup ja sidrunisooda.
h) Sega läbi ja serveeri jahutatult.

77.Vürtsikas troopiline roheline smuuti

KOOSTISOSAD:
- 2 tassi tihedalt pakitud spinatilehti
- 1 tass külmutatud ananassi tükke
- 1 tass külmutatud mango tükid
- 1 väike mandariin, kooritud ja kivideta, või 1 laimi mahl
- 1 tass kookosvett
- ¼ tl Cayenne'i pipart (valikuline)

JUHISED:
a) Kombineeri kõik koostisosad blenderis ja blenderda kõrgel kuumusel ühtlaseks.
b) Naudi külmalt.

78.Troopilise mandariini smuuti

KOOSTISOSAD:
- 2 kooritud ja segmenteeritud mandariini
- ½ tassi ananassi
- 1 külmutatud banaan

JUHISED:
a) Segage ½ kuni 1 tassi vedelikuga.
b) Nautige

79.Troopiline kinoa smuuti

KOOSTISOSAD:
- ¼ tassi keedetud kinoat
- ¼ tassi heledat kookospiima
- ⅓ tassi külmutatud mango tükke
- ⅓ tassi külmutatud ananassi tükke
- ½ külmutatud banaani
- 1 supilusikatäis magustamata hakitud kookospähklit
- 1 supilusikatäit kookossuhkrut, maitse järgi
- ½ tl vanilli

JUHISED:
a) Sega kõik koostisosad blenderis ühtlaseks massiks.
b) Reguleerige konsistentsi maitse järgi, lisades lahjema smuuti jaoks rohkem piima ja paksema smuuti jaoks jääd või veidi jogurtit.
c) Nautige!

80.Tropicala

KOOSTISOSAD:
- ½ tassi ananassi
- ½ keskmise naba apelsini kooritud
- 10 mandlit
- ¼ tassi kookospiima
- Üks ¼-tolline viil värsket ingverit
- 1 spl värsket sidrunimahla
- ¼ tl jahvatatud kurkumit või üks ¼-tolline viil värskelt
- 4 jääkuubikut

JUHISED:
a) Kombineeri kõik koostisosad blenderis ja püreesta ühtlaseks massiks.

81.Piña Colada

KOOSTISOSAD:
- 2 untsi rummi
- 2 untsi ananassimahla
- 2 untsi kookoskoort
- Kaunistuseks ananassiviil ja kirss

JUHISED:
a) Täida šeiker jääkuubikutega.
b) Lisa šeikerisse rumm, ananassimahl ja kookoskoor.
c) Raputa korralikult.
d) Kurna segu jääga täidetud klaasi.
e) Kaunista ananassiviilu ja kirsiga.
f) Serveeri ja naudi!

82. Maasika Daiquiri

KOOSTISOSAD:
- 2 untsi rummi
- 1 unts laimimahla
- 1 unts lihtne siirup
- 4-5 värsket maasikat
- Jääkuubikud
- Kaunistuseks maasikas

JUHISED:
a) Sega segistis rumm, laimimahl, lihtne siirup, värsked maasikad ja jääkuubikud.
b) Blenderda ühtlaseks ja kreemjaks.
c) Valage segu klaasi.
d) Kaunista maasikaga.
e) Serveeri ja naudi!

83.Troopiline Margarita

KOOSTISOSAD:
- 2 untsi tequilat
- 1 unts laimimahla
- 1 unts apelsinimahla
- 1 unts ananassimahla
- ½ untsi lihtsat siirupit
- Laimiviil ja sool ääristamiseks (valikuline)

JUHISED:

a) Soovi korral äärista klaas soolaga, hõõrudes serva ümber laimikiilu ja kastes selle soola sisse.

b) Täida šeiker jääkuubikutega.

c) Lisa šeikerisse tekiila, laimimahl, apelsinimahl, ananassimahl ja lihtne siirup.

d) Raputa korralikult.

e) Kurna segu ettevalmistatud jääga täidetud klaasi.

f) Kaunista laimiviiluga.

g) Serveeri ja naudi!

84.Sinine Hawaii Mocktail

KOOSTISOSAD:
- 2 untsi sinist curaçao siirupit
- 2 untsi ananassimahla
- 1 unts kookoskreemi
- Kaunistuseks ananassiviil ja kirss

JUHISED:
a) Täida šeiker jääkuubikutega.
b) Lisage shakerisse sinine curaçao siirup, ananassimahl ja kookoskoor.
c) Raputa korralikult.
d) Kurna segu jääga täidetud klaasi.
e) Kaunista ananassiviilu ja kirsiga.
f) Serveeri ja naudi seda elavat alkoholivaba troopilist jooki!

85. Mango Mojito Mocktail

KOOSTISOSAD:
- 1 küps mango, kooritud ja kuubikuteks lõigatud
- 1 unts laimimahla
- 1 unts lihtne siirup
- 6-8 värsket piparmündilehte
- Soodavesi
- Kaunistuseks mangoviil ja piparmündioksake

JUHISED:
a) Sega klaasis mangokuubikud laimimahla ja lihtsa siirupiga.
b) Lisa jääkuubikud ja rebitud piparmündilehed.
c) Kõige peale lisa soodavesi.
d) Sega õrnalt.
e) Kaunista mangoviilu ja piparmündioksaga.
f) Serveeri ja naudi seda värskendavat kokteili!

86.Kookose limeade

KOOSTISOSAD:
- 1 tass kookosvett
- ¼ tassi laimimahla
- 2 supilusikatäit lihtsat siirupit
- Kaunistuseks laimiviilud ja piparmündilehed

JUHISED:
a) Sega kannus kookosvesi, laimimahl ja lihtne siirup.
b) Segage korralikult läbi.
c) Lisa serveerimisklaasidesse jääkuubikuid.
d) Vala kookoslimeaad igasse klaasi jääle.
e) Kaunista laimiviilude ja piparmündilehtedega.
f) Enne serveerimist segage õrnalt.
g) Nautige selle troopilise limeaadi kokteili värskendavaid ja teravaid maitseid!

87. Troopiline Sangria

KOOSTISOSAD:
- 1 pudel valget veini
- 1 tass ananassimahla
- ½ tassi apelsinimahla
- ¼ tassi rummi
- 2 supilusikatäit lihtsat siirupit
- Erinevad troopilised puuviljad
- Klubi sooda (valikuline)
- Mündilehed kaunistuseks

JUHISED:
a) Segage suures kannus valge vein, ananassimahl, apelsinimahl, rumm ja lihtne siirup.
b) Segage korralikult läbi.
c) Lisa kannule viilutatud troopilised puuviljad.
d) Tõsta vähemalt 1 tunniks külmkappi, et maitsed seguneksid.
e) Serveerimiseks vala troopiline sangria jääga täidetud klaasidesse.
f) Soovi korral lisa kihistamiseks tilk soodat.
g) Kaunista piparmündilehtedega.
h) Rüüpa ja naudi mahlakast ja värskendavat troopilist sangriat!

88. Arbuusilaimi jahuti

KOOSTISOSAD:
- 2 tassi värsket arbuusi, kuubikuteks
- 2 laimi mahl
- 2 supilusikatäit mett
- 1 tass mullivett
- Kaunistuseks arbuusiviilud ja piparmündioksad

JUHISED:
a) Blenderis blenderis värske arbuus ühtlaseks massiks.
b) Kurna arbuusimahl kannu, et eemaldada viljaliha.
c) Lisa kannu laimimahl ja mesi.
d) Sega hästi, et mesi lahustuks.
e) Vahetult enne serveerimist lisa kannule mullivett ja sega õrnalt.
f) Vala arbuusilaimi jahuti jääga täidetud klaasidesse.
g) Kaunista arbuusiviilude ja piparmündiokstega.
h) Rüüpa ja naudi seda värskendavat ja niisutavat troopilist jahutit!

89.Mango roheline tee

KOOSTISOSAD:
- 2 tassi keedetud rohelist teed, jahutatud
- 1 tass küpseid mangotükke
- 1 supilusikatäis mett (valikuline)
- Jääkuubikud
- Kaunistuseks mangoviilud

JUHISED:
a) Blenderis blenderis küpsed mangotükid ühtlaseks massiks.
b) Sega kannus keedetud roheline tee ja mangopüree.
c) Segage korralikult läbi.
d) Soovi korral lisa tee magustamiseks mett.
e) Täida serveerimisklaasid jääkuubikutega.
f) Valage mangoroheline tee igas klaasis jää peale.
g) Kaunista mangoviiludega.
h) Enne serveerimist segage õrnalt.
i) Nautige selle värskendava mangorohelise tee troopilisi maitseid!

90.Troopiline punch

KOOSTISOSAD:
- 2 tassi ananassimahla
- 1 tass apelsinimahla
- ½ tassi jõhvikamahla
- ¼ tassi laimimahla
- 2 tassi ingveriõlut
- Kaunistuseks ananassi- ja apelsiniviilud

JUHISED:

a) Sega kannus ananassimahl, apelsinimahl, jõhvikamahl ja laimimahl.
b) Segage korralikult läbi.
c) Vahetult enne serveerimist lisa kannule ingveriõlu ja sega õrnalt.
d) Täida serveerimisklaasid jääkuubikutega.
e) Valage troopiline punš igas klaasis jää peale.
f) Kaunista ananassiviilude ja apelsiniviiludega.
g) Enne serveerimist segage õrnalt.
h) Nautige selle värskendava punši puuviljaseid ja troopilisi maitseid!

91.Hibiski jäätee

KOOSTISOSAD:
- 4 tassi vett
- 4 hibiski teekotti
- ¼ tassi mett või suhkrut (maitse järgi)
- Kaunistuseks sidruniviilud ja piparmündilehed

JUHISED:
a) Aja kastrulis vesi keema.
b) Eemaldage tulelt ja lisage hibiski teekotid.
c) Laske teel 10-15 minutit tõmmata.
d) Eemaldage teekotid ja segage mett või suhkrut lahustumiseni.
e) Laske teel jahtuda toatemperatuurini, seejärel jahutage, kuni see on jahtunud.
f) Täida serveerimisklaasid jääkuubikutega.
g) Valage hibiskijäätee igas klaasis oleva jää peale.
h) Kaunista sidruniviilude ja piparmündilehtedega.
i) Enne serveerimist segage õrnalt.
j) Rüüpa ja naudi särtsakat ja värskendavat hibiskiteed!

92.Troopiline jääkohv

KOOSTISOSAD:
- 1 tass keedetud kohvi, jahutatud
- ½ tassi kookospiima
- ¼ tassi ananassimahla
- 1 spl mett või suhkrut (maitse järgi)
- Jääkuubikud

JUHISED:
a) Sega klaasis jahutatud keedetud kohv, kookospiim, ananassimahl ja mesi või suhkur.
b) Segage hästi, et magusaine seguneks ja lahustuks.
c) Täida eraldi klaas jääkuubikutega.
d) Kalla troopiline jääkohv jää peale.
e) Enne serveerimist segage õrnalt.
f) Nautige klassikalise jääkohvi troopilist hõngu!

TROOPILISED MAITSED

93. Ananassi-Papaya salsa

KOOSTISOSAD:
- 2 tassi hakitud värsket ananassi
- 1 küps papaia, kooritud, seemnetest puhastatud ja 1/4-tollisteks kuubikuteks lõigatud
- 1/2 tassi hakitud punast sibulat
- 1/4 tassi hakitud värsket koriandrit või peterselli
- 2 spl värsket laimimahla
- 1 tl siidri äädikat
- 2 tl suhkrut
- 1/4 tl soola
- 1 väike kuum punane tšilli, seemnetega ja hakitud

JUHISED:
a) Segage klaaskausis kõik koostisosad, segage hästi, katke kaanega ja jätke enne serveerimist 30 minutiks toatemperatuurile kõrvale või hoidke külmkapis kuni kasutusvalmis.

b) See salsa maitseb kõige paremini, kui seda kasutada samal valmistamise päeval, kuid korralikult säilitatuna säilib see kuni 2 päeva.

94. Mango salsa

KOOSTISOSAD:
- 2 küpset mangot, tükeldatud
- ½ tassi kuubikuteks lõigatud punast paprikat
- ¼ tassi kuubikuteks lõigatud punast sibulat
- 1 jalapeno pipar, seemnetest puhastatud ja peeneks hakitud
- 1 laimi mahl
- 2 supilusikatäit hakitud värsket koriandrit
- Sool ja pipar maitse järgi

JUHISED:
a) Sega kausis tükeldatud mangod, punane paprika, punane sibul, jalapeno pipar, laimimahl ja koriander.
b) Sega korralikult läbi ning maitsesta soola ja pipraga.
c) Serveeri tortillakrõpsudega või grillkana või kala lisandina.
d) Nautige värskendavat ja vürtsikat mangosalsat!

95. Kookose koriandri chutney

KOOSTISOSAD:
- 1 tass värskeid koriandri lehti
- ½ tassi hakitud kookospähklit
- 1 roheline tšilli, seemnetest puhastatud ja tükeldatud
- 2 spl sidrunimahla
- 1 spl röstitud chana dal (lõigatud kikerherned)
- 1 supilusikatäis riivitud kookospähklit (valikuline)
- Soola maitse järgi

JUHISED:
a) Sega segistis või köögikombainis koriandri lehed, hakitud kookospähkel, roheline tšilli, sidrunimahl, röstitud chana dal, riivitud kookospähkel (kui kasutad) ja sool.
b) Blenderda kuni saad ühtlase ja kreemja konsistentsi.
c) Reguleerige soola ja sidrunimahla vastavalt oma maitsele.
d) Tõsta serveerimiskaussi ja hoia kasutusvalmis külmkapis.
e) Serveeri samosade, dosade dipikastmena või võileibade määrdena.

96.Tamarind Chutney

KOOSTISOSAD:
- 1 tass tamarindi viljaliha
- 1 kl jaggery või fariinsuhkur
- 1 tl köömne pulbrit
- 1 tl jahvatatud ingverit
- ½ tl punase tšilli pulbrit
- Soola maitse järgi

JUHISED:
a) Sega kastrulis tamarindi viljaliha, jaggery või pruun suhkur, köömnepulber, jahvatatud ingver, punane tšillipulber ja sool.
b) Lisage 1 tass vett ja laske segul keema tõusta.
c) Alanda kuumust ja lase podiseda umbes 15-20 minutit, aeg-ajalt segades, kuni chutney pakseneb.
d) Eemaldage kuumusest ja laske täielikult jahtuda.
e) Pärast jahutamist valage purki ja hoidke külmkapis.
f) Kasutage samosade ja pakorate dipikastmena või chaat-roogade maitseainena.

97. Passion Fruit Või

KOOSTISOSAD:
- 1 tass soolata võid, pehmendatud
- ¼ tassi kannatusvilja viljaliha
- 2 spl tuhksuhkrut
- 1 tl vaniljeekstrakti

JUHISED:
a) Segage segamisnõus pehme või, passionivilja viljaliha, tuhksuhkur ja vaniljeekstrakt.
b) Kasutage elektrimikserit või visplit, et segada koostisained hästi segunevaks ja ühtlaseks.
c) Tõsta passioniviljavõi purki või õhukindlasse anumasse.
d) Tõsta vähemalt 1 tunniks külmkappi, et maitsed seguneksid.
e) Määri passioniviljavõid röstsaiadele või pannkookidele või kasuta seda magustoitude kattena.

98.Papaia seemnete kastmine

KOOSTISOSAD:
- ¼ tassi papaia seemneid
- ¼ tassi oliiviõli
- 2 spl valge veini äädikat
- 1 spl mett
- 1 tl Dijoni sinepit
- Sool ja pipar maitse järgi

JUHISED:
a) Sega segistis või köögikombainis papaiaseemned, oliiviõli, valge veini äädikas, mesi, Dijoni sinep, sool ja pipar.
b) Segage, kuni kaste on ühtlane ja papaiaseemned on hästi segunenud.
c) Maitse ja vajadusel kohanda maitseainet.
d) Tõsta papaiaseemnete kaste tihedalt suletava kaanega pudelisse või purki.
e) Enne kasutamist loksutage korralikult.
f) Nirista kaste salatitele või kasuta seda grill-liha või köögiviljade marinaadina.

99. Guajaav BBQ kaste

KOOSTISOSAD:
- 1 tass guajaavipastat
- ½ tassi ketšupit
- 2 spl sojakastet
- 2 spl õunasiidri äädikat
- 1 spl pruuni suhkrut
- 1 spl Worcestershire'i kastet
- 1 tl suitsupaprikat
- ½ tl küüslaugupulbrit
- Sool ja pipar maitse järgi

JUHISED:
a) Sega kastrulis guajaavpasta, ketšup, sojakaste, õunaäädikas, pruun suhkur, Worcestershire'i kaste, suitsupaprika, küüslaugupulber, sool ja pipar.
b) Keeda tasasel tulel pidevalt segades, kuni guajaavipasta sulab ja kaste pakseneb.
c) Maitse ja vajadusel kohanda maitseainet.
d) Eemaldage tulelt ja laske guajaavi BBQ-kastmel jahtuda.
e) Tõsta purki või pudelisse ja hoia kasutusvalmis külmkapis.
f) Kasuta kastet grillkana või ribide glasuurina või lihapallide või varraste dipikastmena.

100.Mango Habanero kaste

KOOSTISOSAD:
- 2 küpset mangot, kooritud ja tükeldatud
- 2 habanero paprikat, seemnetest puhastatud ja tükeldatud
- ¼ tassi valget äädikat
- 2 spl laimimahla
- 2 supilusikatäit mett
- 1 tl küüslaugupulbrit
- Soola maitse järgi

JUHISED:
a) Sega segistis või köögikombainis hakitud mangod, habanero paprika, valge äädikas, laimimahl, mesi, küüslaugupulber ja sool.
b) Blenderda, kuni saavutad ühtlase kastme konsistentsi.
c) Tõsta segu kastrulisse ja lase keskmisel kuumusel podiseda.
d) Alandage kuumust ja laske aeg-ajalt segades umbes 10-15 minutit küpseda.
e) Eemaldage tulelt ja laske kastmel täielikult jahtuda.
f) Tõsta mango habanero kaste tihedalt suletavasse kaanega purki või pudelisse.
g) Hoia kasutusvalmis külmkapis.
h) Kasutage kastet vürtsika maitseainena grill-liha ja võileibade jaoks või dipikastmena kevadrullide või kanatiibade jaoks.

KOKKUVÕTE

Kui lõpetame oma teekonna läbi "Troopilise köögi tõeline triumf", loodame, et olete kogenud rõõmu ja särtsu, mida troopiline köök lauale toob. Iga retsept nendel lehtedel tähistab päikese käes leotatud maitseid, eksootilisi koostisosi ja pidulikku meeleolu, mis määratlevad troopilise kulinaarse kogemuse.

Ükskõik, kas olete nautinud värskendavaid kookosepõhiseid jooke, maitsenud Kariibi merest inspireeritud roogade aromaatseid vürtse või nautinud troopiliste puuviljade magustoitude magusust, usume, et need 100 veetlevat retsepti on toonud teie kööki paradiisi maitse. Lisaks koostisosadele ja tehnikatele võib teie toidukordades püsida troopiliste pidustuste olemus, mis lisab teie kulinaarsetele ettevõtmistele veidi rõõmu.

Kui jätkate troopilise toiduvalmistamise rikkaliku gobelääniga avastamist, inspireerigu see kokaraamat teid lisama oma toidukordadesse päikeseliste kallaste elavat energiat ja maitseid. Siin on troopilise köögi ülim tähistamine, kus iga roog on kulinaarne põgenemine paradiisi. Tervist troopika soojuse ja naudingu toomisel teie lauale!

www.ingramcontent.com/pod-product-compliance
Lightning Source LLC
Chambersburg PA
CBHW071858110526
44591CB00011B/1464